社史・アーカイブ
総研の挑戦

組織の歴史承継を考える

小谷 允志／浅田 厚志／吉田 武志
宮本 典子／中村 崇高／鎌岡 徳幸

出版文化社

はじめに

　当社が創業35周年を迎えることとなった2019年に、長年の念願であった「社史・アーカイブ総合研究所」を設立することができましたことを、心より喜んでおります。

　社史は、明治中期から発刊されてきた日本独特の産業文化でありながら、それについて組織的に研究、発表を行っているところは、いま残念ながら見当たりません。社史は企業のみならず、高等学校、大学、病院、公益法人、労働組合などに拡がり、当社の見立てでは1年間に約1,000点の社史が発刊されていると考えられます。そして、その点数は年を追うごとに増えてきており、いまや経営が安定した組織にとって重要なメディアの一つとなっています。

　当社は1987年に最初の社史を受注して以来、約1,450点の社史に携わってきました。それらの社史について、少なくとも1冊は必ず保存し、詳細な体裁や構成についてリストにして記録していますが、それを体系的に網羅し、内容や体裁、コストなどの重要項目について分析をし始めたのは近年です。

　そして、このたび社史・アーカイブ総合研究所を設立するにあたって、社史を発刊された顧客に、アンケートとヒアリング調査で情報収集をして、その内容を分析したところ、それまで私たちが気づかなかったような新しい傾向が社史に起こってきていることに気がつきました。

　それは社史の向かうところが細分化してきている、ということです。向かうところとは読者です。社長の平均年齢はいまや65〜70歳で、新卒社員と40年以上の開きがあります。伊勢神宮の遷宮でも20年に一度ですから、40年以上の開きは世代を引き継ぐにはあまりに大きいと言わざるをえません。しかし、多くの社史は経営陣、特に社長の意向の強いところ

で企画されます。経営陣は明らかに本の世代、20〜40歳代はデジタルの世代です。それだけでも希望する企画、コンテンツの表現方法に大きな違いがあります。

そのような世代間の開きの中で作られる社史ですから、どうしても対象読者に偏りが出てきます。経営陣が本当にほしい社史と、若年世代が読みたい社史は、企画の方向性や構成案が違うのは当たり前ですから、本来は当社のような社史の企画・編集のプロがそういう読者ニーズの誤差を埋めるような企画や工夫を提案していくべきでしょう。

しかし、社史の業界でそのようなところまで突っ込んで分析し、考えている会社、人物は稀でありましょう。社史が産業界と一つひとつの企業の活性化と改善に役立とうとすると、もっと網羅的で、分析的な研究をする必要があります。

社史・アーカイブ総合研究所が、当社・出版文化社のために調査、分析を進めるのではなく、社史をより良い媒体とするために資料やデータを集め、広く社会に情報公開をして、日本により良い社史がさらに出版され、もって日本の企業および組織が歴史からの学びと承継を通じて、健全なる成長を進めていくことを、衷心より願っています。

小さく産んで大きく育てる——社史・アーカイブ総合研究所はそのような構想の下で発足いたしました。業界の関係各位、お取引の皆様からもご理解、ご支援を賜りますよう、重ねてお願い申し上げます。

株式会社出版文化社 代表取締役社長
社史・アーカイブ総合研究所 主任研究員　浅田 厚志

社史・アーカイブ総研の挑戦／目次

003　はじめに

009　良い社史編集者とは何か──30年の社史編集者経験を通じて

　　　　　　　　　　　　　　　　　　　　　　　　　　宮本 典子

009 … 1. 社史の制作サービスで大切なこと

011 … 2. 社史編集者としての資質

013 … 3. 良い社史編集者とは

016 … 4. 社史編集者としての知識・経験

018 … 5. 担当した会社を1冊に表現する喜び

019　良い社史とは何か──社史の編集者としての経験を通じて

　　　　　　　　　　　　　　　　　　　　　　　　　　吉田 武志

019 … 1. 日本独特の媒体「社史」

020 … 2. 記念出版から史料としての自覚へ

023 … 3. 社史の発刊意義

025 … 4. 良い社史の基準その①
　　　　　企業が行動を起こした事実に基づいて執筆されている

027 … 5. 社史の基盤としてのアーカイブ

029 … 6. 良い社史の基準その②
　　　　　網羅性と検索性を兼ね備えている

032 … 7. 良い社史の基準その③
　　　　　業界の歴史の中でその会社の経営ストーリーがわかる

033 … 8. 経営意志と出来事の因果関係

035 … 9. "未来"の読者か、"いま"の読者か

039 社史とアーカイブの融合と新境地

浅田 厚志

039 … 1. 共通点と相違点

041 … 2. 創業時の情報と資料が重要

043 … 3. 最初の商品・サービス──社史がアーカイブを求めた──

045 … 4. アーカイブが最も活躍するのは社史？

046 … 5. 最近の社史の傾向

057 … 6. ソサエティ5.0に向かって
──持続可能な発展のため、社史がESGに果たす役割──

060 … 7. コーポレートガバナンスと社史

063 成果を生み出す社史の作り方
──成功長寿企業になるため、会社の歴史からいかに学ぶか──

浅田 厚志

063 … 1. はじめに

066 … 2. 社史はどのように作られてきたのか

071 … 3. 社史の活用度調査を見る

079 … 4. 成功長寿企業の経営スタイル

088 … 5. 長寿企業の経営のこだわりを社史に活かす

101 … 6. 社史を作るための8つの目的は変化している

107 … 7. 経営の改善に役立つ社史の考え方

116 … 8. 経営を6つの要素で見る

123 … 9. 成果を生み出す社史の作り方

131 … 10. 社史づくりを始めるにあたって

139 … 11. おわりに

141 現用文書管理とビジネスアーカイブの融合を期待する

小谷 允志

141 … 1. 日本の文書管理・アーカイブズの問題とは

142 … 2. 組織における文書・記録の重要性に対する認識が低いこと

144 … 3. 現用の文書管理とアーカイブズがつながっていない問題

146 … 4. 社史とアーカイブズの関係

149 日本のビジネス・アーカイブにおける出版文化社の成果と今後の役割

中村 崇高

149 … 1. はじめに

149 … 2. 社史制作とアーカイブ

151 … 3. 出版文化社の考えるアーカイブ

153 … 4. ニーズの多様化と出版文化社のアーカイブビジネス

155 … 5. おわりに──出版文化社のこれからの役割──

159 学園アーカイブの現状と課題

中村 崇高

159 … 1. はじめに

161 … 2. 学園アーカイブの現状

163 … 3. 学園アーカイブの諸課題

165 … 4. おわりに

167　社史・アーカイブ総研が2030年にめざすもの

鎌岡 徳幸

167 … 1. 社史・アーカイブ総研の設立目的

168 … 2. 社史制作現場のために

169 … 3. 制作で苦労すること

170 … 4. 社史制作スケジュールに関して

170 … 5. 社史の制作目的

172 … 6. 社史の活用シーン

173 … 7. 採用向けの社史の提案

175 … 8. 社史・アーカイブ総研が2030年にめざすもの

178 … 執筆者紹介

180 … 社史・アーカイブ総合研究所概要

181 … 社史・アーカイブ関係の出版物

182 … 出版文化社概要

183 … 事業内容

184 … 出版文化社の歩み

良い社史編集者とは何か
—— 30年の社史編集者経験を通じて

社史・アーカイブ総合研究所 研究員
出版文化社大阪 元編集長　**宮本 典子**

1. 社史の制作サービスで大切なこと

　編集者と聞くと一般的に思い浮かべるのは、小説やビジネス書で企画を立てベストセラーを生む書籍編集者でしょうか。それとも週刊や月刊の短いスパンで締め切りに追われながらも活気あふれる雑誌編集者でしょうか。

　社史の編集はそういった媒体に比べればたいへん地味です。社史は、限られた人たちのために、その企業の歴史を残し未来への参考にするという目的のために作成される特殊な媒体です。資料やデータを集め、取材や事実確認を繰り返し、1〜2年の期間をかけて、小さなステップを積み重ねていきます。もちろん締め切りはありますが絶対的ではなく、状況によっては延びたりもします。流行や時流にもあまり左右されず、本ができたからといって書店には並ばず、まして世間で大きく話題になったりすることもありません。

このように社史の編集には、一般の書籍や雑誌の編集と違うところがたくさんありますが、最も大きな違いは、お客様（制作を依頼した企業）がいるということでしょう。基本的に、その企業の意向に沿って、制作にかかわる費用を全額いただいて作成します。よって編集・制作に関する専門知識・技術は必要ですが、広い意味ではサービス業に含まれます。

このような特性をもつ社史の編集者には、お客様の意向を汲んで、一緒に良い社史を作っていこうという気持ちが大切です。

その第一歩は、お客様をよく知りたいという好奇心と意欲であろうかと思います。社史を作ろうとする企業は、すでに何らかの実績があり歴史がありますから、HPもあればたくさんの資料もあります。もちろんそれらを読むことも大切ですが、それだけでは不十分です。トップの人柄や考え方、その企業の社風、さらには訪問した際の印象も大切な材料です。さまざまな機会をとらえて、その企業を読む、見る、感じることが必要です。

また社史を完成させて納めるだけが仕事ではありません。制作過程そのものが仕事の一部です。途中経過が不満だったけれど、でき上がったものは大満足ということはあり得ません。

企業の経営史を綴る一端を担っているという誇りや、「社史を作るという作業は大変だったけれど面白かった、御社と仕事できてよかった」と言っていただくことが、ほかの媒体にはない社史の達成感の一つです。

ですから、長く一般書の編集に携わってきた編集者が社史を担当

すると少し違和感があるでしょう。誰しも自分の企画を形にしたい、自分の考える方法で進めたいと思うのは当然のことですが、その思いとお客様の意向をいかに合わせていくかが、難しいところです。いくら調整を重ねても折り合わないこともあります。そんな時は、お客様の意向を優先するという割り切りも必要です。

2. 社史編集者としての資質

ではどんな人が、社史の編集者に向いているのでしょうか。

まず、企業の歴史を綴った書籍を作成するのですから、経済史や産業史、企業の経営史の知識があったほうがいいでしょう。しかしただ、史学部にいた、経営学部にいて経営史を学んだからいいというわけではありません。知らないよりは知っていたほうがいいというレベルです。歴史小説やビジネス小説に興味があって、自分も制作に携わってみたいと思うとか、何事にも興味を持って取り組め、いろいろな出来事を突っ込んで深堀りするのが好きであれば資質としては十分であると思います。

また編集者は自分で原稿は書きません、デザインもしません、写真も撮りません。社史を形作る直接的な材料を何も作りません。では何をするのかというとお客様のニーズを探って企画を固め、必要な材料を集め、それをもとにライターやデザイナーたちに具体的に指示していく司令塔のような役割です。そのうえで全体を管理して、スケジュール、コストをキープしていきます。

011

これを行うためには、それぞれの仕事はできなくてもかまいませんが、ライターやデザイナーがどのような手順でどのように進めていくのか、要領よく進めるためには何が必要なのかを知っておかなければなりません。広く浅く関係の仕事を理解し、配慮できることが必要です。

また、編纂作業全体や納品までのスケジュールを見渡しつつ、一方で、一つひとつ資料にあたって事実確認を重ねるような細かい作業も進めていくことが必要となります。マクロとミクロ、両方の視点を行き来できることが大切です。

さらに、お客様が当初設定した基本方針から外れたり、社史としておかしい決定をされたりした場合には、専門家として客観的な視点でアドバイスできるよう、常にフラットな立ち位置をキープするということも大切です。

これらは一見それほど難しいことではないように思いますが、作業が遅れたり重なったり、納期が迫ってくると人はどうしても近視眼的になりがちです。

以上のような技術的なこととは別に、基本的にコミュニケーションが好きで誰かのために頑張りたいと思える資質が必要かと思います。観念的な言い方になりますが、結局のところ好奇心旺盛で、人間が好きというのが大きな要件となるでしょう。

3. 良い社史編集者とは

　では、社史を制作するうえで良い編集者とはどういう人でしょうか。
その条件を3つの視点からまとめてみました。

①お客様のよき伴走者として

　いくら企画的、資料的に優れた内容でも、お客様の意向に沿って
いなかったり、制作途上でトラブルを引き起こしたりでは意味があ
りません。

　まずはお客様の意向を十分確認することが重要です。といっても
お客様の担当者はたいてい社史を作るのは初めてです。わかりやす
い言葉で、具体例を示しつつ問いかけや説明をすることが大事で
しょう。しかもそれを文書化し、お客様の担当者だけでなく、その
会社のトップや社内の担当者以外の人も見ることができるように
しておくことが必要です。つまり直接折衝をするのは担当者数名で
すが、社史は企業の事業の一つとして動いていますから、求められ
れば社内にも公開できる準備をしておくことが必要です。

　次にその意向を汲んで、時にはリードし、時にはフォローして作
業を進めることです。リードするためには、お客様より常に一歩先
を見、さらに社史全体を見渡して提案や準備をしていかなければな
りません。

　またお客様のお返事や反応が鈍い時は、現状だけを見るのではな
く、なぜそうなってしまうのかを問い合わせて、その原因に合わせ

てフォローをしていく必要があります。適切なフォローができれば、追加の費用が発生しても喜んでいただけることがあります。

うまくコミュニケーションが図れると、時にお客様と和気あいあいとした同志のような関係性を築けることがあります。たとえばお客様のニーズに対して、何か提案します。するとお客様がそれに意見や追加のアイデアをくださって、どんどん上向きのスパイラルになっていくという感じです。こういう時はお互いに強い信頼感が生まれ、間違いなく良い社史ができ上がります。

一方で、お客様から無茶な注文がくることがあります。また社史としておかしな依頼があったりもします。こんな時、お客様の依頼すべてをその通りにすることが良い編集者ではありません。ただ、たとえそれを受けられなくても「できない」と即答するのではなく、そのご要望の本質は何なのかをよく聞いて、なにか別の方法で解決する提案をしましょう。

たくさんの引き出しを持って提案ができるというのも、良い編集者の条件です。

図：社史制作における編集者の立ち位置

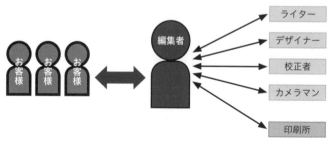

良い社史編集者とは何か

②協力者のよき司令塔として

どんなに優れた編集者であっても、一人で1冊の社史を完成させることはできません。ライター、デザイナー、カメラマン、校正者、DTPオペレーター、印刷所、時にはアーキビストや監修者など多くの協力者の力を借りる必要があります。

そんな中で編集の役割は、協力者の代表として、お客様と打ち合わせして方向性を決め必要な材料を集め、それに従って協力者へ指示を出すことです。いかに協力者に早く正確に指示を出し、無駄のないスムーズな作業を行うかが社史編集者の腕の見せどころです。

編集者の指示が遅かったり、方向性を間違っていたりでは、協力者たちを振り回すことになってしまいます。スケジュール管理も大切です。いかに良いものでも、締め切りを越してしまえば意味がありません。

さらにいえば、協力者もみな個性があります。それぞれの制作スタッフの良いところを引き出し、弱いところをフォローする。そうすることでその人の能力を活かすとともに、不用意なトラブルを防止することができます。

たいへん難しいことですが、単にお金のために仕事をするというだけでなく、協力者も喜んで仕事をしてくれる、そのような関係性を築けるのが良い編集者です。

③1冊の本のよき指揮者として

社史に限りませんが、良い本は一曲の交響曲のようであってほし

015

いと思います。変奏部分を含む多くの楽章があり、指揮者は多くの種類の楽器を取りまとめ、全体として調和のとれた美しいひとまとまりを構成します。

社史でいえば、もちろん沿革編にはその会社の歴史や経営に対する考え方が文章として書いてあります。その変奏部分としてトップインタビューや座談会といった違う形で本文をフォローします。さらに原稿だけでなく、写真の選び方、掲載の仕方、表紙やデザインも含めその会社らしさを表現するというのが理想です。

資料編には多くの社史で定番となっている売上高、組織図、歴代役員任期一覧、年表を載せておけばいいと考えている人が多いようです。しかし、資料編でもデータでその会社の発展を跡付ける必要があり、その足跡の一つの形が売上げのグラフなのです。資料編からもその会社らしさが見て取れるようでありたいものです。

内容面でも、デザイン面でも、そういう1冊になるように全体を管理し統括するのが編集者です。

ですからお客様と同じテンポ、同じ視点で考えていてはいけません。オーケストラの指揮者のように、常に一歩先を見据え、全体を見渡して、提案や準備ができるようになるのが理想的です。

4. 社史編集者としての知識・経験

編集技術として原稿を読む力、デザインを見る力、校正をする力などがあり、それを行うための基本知識と経験が必要となります。

それに加え社史を作る場合は企業の経営史を綴る一端を担うわけですから、バックボーンとして一般的な経済・社会史、近年は企業がグローバル化しているため世界的な情勢まで含めた知識が必要となってきます。現在の企業が置かれている状況や企業が所属する業界の知識も必要でしょう。

　ただ、社史編集者に必要とされるのは深い専門的知識ではありません。広く浅い知識をもち、必要に応じて、その部分だけ細かい情報を得ればいいのです。

　しかし、それすらも一度にすべてを学ぶことはできません。結局のところ常日頃から少しずつ経済新聞、経済誌、書籍を読み知識を蓄えていくしかないのです。社史編集者にはそういった素養を深めるための研修を奨励したいものです。

　また経験を積めば、なんどか同じ業界の企業を担当することになり、自然と知識は積み上がっていきます。長く社史を作り続けると、それが強みになります。

　ただもっと広い意味でいえば、すべてが学びだと思っています。その業界を舞台にした小説があれば読むし、何か催しのパンフレットをみても、変わった表現や印刷効果が施されているとすぐ目につくようなアンテナが編集者には必要です。

　今後、社史も紙媒体からwebやムービー等のデジタル媒体に移行していくでしょう。そんな時も紙媒体で得た知識や経験は、十分役に立ちます。

5. 担当した会社を1冊に表現する喜び

　いろいろ大変なことを書いてきましたが、さまざまな条件をクリアして1冊の本が完成した時の喜びは何物にも代えがたいものです。お客様がともに喜んでくださると、喜びも倍増します。

　また、多くの協力者を巻き込み、コラボレーションして何かを作るわけですから、スタッフが変われば新しい世界が広がることもあります。長く続ける価値があるし、常に新しい世界を拓く可能性のある面白い仕事だと思います。良い編集者は常に現状に満足しないでいることのできる人でしょう。

　最近は70年とか、100年といった長い歴史をまとめられるお客様も増えてきました。そんな時は以前に作られた社史を参考にします。生き生きと当時がよみがえり、かつ資料として充実したとてもよくできたものもあれば、いい加減なつくりのものもあります。独善的だったり、当時の代表者におもねっているのか偏りのある内容だったりするものがあります。よく読めば当時の担当者や編集者がどういう気構えでその社史を作ったのかがわかります。

　ですから、未来のいつか、誰かができ上がった社史をみて、「なかなかよくできているじゃないか、担当者のフラットな視点で歴史を残そうという意図が見られるな」と思ってほしい——頭の片隅で、そんなことまで考えて、時代の評価に耐えうる社史をつくれる編集者でありたいものです。

良い社史とは何か
—— 社史の編集者としての経験を通じて

社史・アーカイブ総合研究所 研究員
出版文化社東京 元編集長　**吉田　武志**

1. 日本独特の媒体「社史」

「社史」は、日本の企業社会独特の出版ジャンルとして成立してきました。もちろん、書店やネットで流通する一般読者向けの企業の評伝はどの国にも存在しますが、本稿で取り扱うのは、企業の自費発行物である社史のことです。

日本の社史に近いものとしては、主に米国で発行されている学者や研究者が執筆した企業史がありますが、これは純然たる学術書で、大学の出版局などから発行されています。欧米におけるそれ以外の社史は、企業自身が自社のルーツやアイデンティティについて消費者や社会全般に向けて発信する広報ツールであることがほとんどです。ホームページなどにも「わが社の歴史」をストーリーとして掲載している事例が多く、欧米の企業は広報・宣伝としての歴史の活用に熱心だと言えるでしょう。

対照的に、日本企業の多くは、いまだにホームページの沿革に年表しか掲載していません。現地からの要請で海外法人のサイトだけ、年表ではなく企業ストーリーにしたという事例もあります。そんな風土の中で、日本企業の社史は学術書でも広報ツールでもない媒体として発達してきました（韓国にも日本と同様な社史は存在しますが、これは近年のことで、内容は日本式の社史の踏襲です）。

　なかでも正史と呼ばれる伝統的な社史は、出版業界や広告業界の観点から見れば、何のために、誰に向けてつくられたのかわかりにくい書物です。「ディテールがやたら詳細で読み下しにくい文章」「企業の一人称でありながら、客観性を重んじる（あるいはPR色、情緒性を廃する）内容、文体」等々の特色からは、論文や公文書が想起されます。とはいえ、論文のように結論（学説）があるわけでも、公文書のように掲載を義務づけられた情報があるわけでもありません。露骨な宣伝意図も見当たりません。一体どういう経緯で、この不思議な媒体を生み出し、何を目指してきたのか。それを知らずに「良い社史とは何か」を、読みやすい、面白いなどの一般基準で論じることはできません。

2. 記念出版から史料としての自覚へ

　何のためにつくられたのかを知るために、初期の社史を紐解いてみます。

　『社史の研究』（村橋勝子著　2002年　ダイヤモンド社発行）によれば、本

格的な社史の発行が始まったのは明治30年代（1900年代初頭）だそうです。そこで、国立国会図書館デジタルコレクションで、企業の社史で、なおかつ序文等により発刊意図が確認できるものを探してみると、一番古い会社史として、1908年4月2日発行の『株式會社伊豫農業銀行十年史』がありました。その緒言（巻頭言）にいわく「是所謂十年一昔ノ事歴之ヲ録シテ大方ノ清鑑ニ供シ一ハ以テ本行ノ紀念トナサントス若シ夫レ地方銀行發達史ノ一材料トモナルコトヲ得バ望外ノ餘幸トナス」。国立国会図書館デジタルコレクションだけをもって断ずるのはいささか乱暴ですが、この頃の年史の発行主体は学校や銀行が多いことからみて、制度発足からしばらくして黎明期を記録にとどめようという動機が強かったと思われます（その意味で、1907年発行の『日本勧業銀行創業十年志』や、1912年8月24日発行の『日本興業銀行十年史』に、発行目的に関する言及がないことが惜しまれます）。

　もう少し下って、1919年5月31日発行の『南滿洲鐵道株式會社十年史』では「序」に、「茲ニ十年史ヲ編纂シテ既往ノ事跡ヲ叙スルハ藉リテ以テ温故知新ノ資ニ供シ更ニ自ラ他日ノ大成ヲ鼓舞スル所以ナリ」と明記されています。「温故知新」の材料とすることと、「自ラ他日ノ大成ヲ鼓舞スル」＝「これからも目標に向かって頑張るぞ」という動機付けを発刊理由としています。

　それから7年後の1926年8月5日発行の『第一銀行五十年小史』の冒頭には、発行の目的として「是に於て此五十年間に於ける當銀行の営業状態を記述して各位の瀏覧に供せんと欲し」と書かれています。「瀏覧」は「閲覧」の謙譲語です。読者に誰を想定し、どんな効

果を期待しているのかは特に書かれていませんが、結びに「今日斯の如きの盛況を看るに至りしは前頭取澁澤子爵の措置宜しきを得たると大方諸賢眷顧の賜と云わざるを得ず。茲に此小冊子を贈呈するに當り」とあるので、「各位」と書かれている「瀏覧」の対象は当行のステークホルダーくらいに解していいでしょう。

　この段階では、いずれも、「温故知新」「瀏覧」の対象に具体的にどんな人々を想定しているのか明快ではありません。これを明快に記しているのが、二人の学者によって執筆され、初期の社史の名作と評価されている1940年10月13日発行の『花王石鹸五十年史』です。その「序」で「この書物が単なる記念塔でなく次の五十年を背負って立つべき日本の若き産業人への贈物としての意義を有するからである」と、次代を担う役員、社員に向けた史料であることを謳っているのです。そして、特筆すべきは、凡例に「史料は、出来るだけ、原形のまま、多少の冗長を厭はず掲出する」理由として、「本書をもって、日本石鹸資料の保存にも資したいため」と明記されていることです。形式的にも、この社史は合目的性を意識しているのです。

　このような変化を見ていくと、社史は記念出版の類として何の目的で、誰に読んでもらうのかに無自覚なまま制作され続け、試行錯誤を重ねるうちに、企業の内外で後天的にその意義を自覚するようになり、その認識に合わせて徐々に形式を洗練させてきたと推測されます。

3. 社史の発刊意義

　その後、現在私たちが目にする大企業の正史へと、内容的にも、形式的にも形を整えていく背景には、『社史の研究』(前出)で村橋勝子氏が指摘しているように、経営学、経営史学の欧米からの摂取と発達がありました。

　その成果を端的に物語る論考として、経営史学会の10代目会長を務めた橘川武郎先生(現東京理科大学大学院イノベーション研究科教授、東京大学・一橋大学名誉教授)の「経営史学の時代：応用経営史の可能性」〈『経営史学』第40巻第4号(2006年3月)〉や、資生堂名誉会長の福原義春氏の『経営者のバイブルとしての社史』〈企業史料協議会平成23年度総会講演録　創立30周年記念講演　2011年11月11日発行〉などがあります。

　こうした変化を、四宮俊之先生(弘前大学名誉教授)は「社史(書)編纂の目的と意義をめぐって――それは何故に編纂されるのか」〈弘前大学人文学部『人文社会論叢』(社会科学篇)第4号(2000年8月31日)〉で、次のように論述しています。

　「これまでの日本の多くの社史書に対する一般的な批判としては、その記述内容が概して分析的、客観的でないばかりか、正確でない場合も少なくなく、経営の失敗など自社や関連企業にとって都合の悪い事柄をしばしば意識的に省いての綺麗事ごとばかりで、宣伝臭く、誰が執筆責任を負うのかも明確でないことなどが言われてきた。そのために企業の記念式典などでの「引出物」、「手土産」とか、「昼寝の枕」、「書棚の飾り」、「読者のいない本」、「勝者の歴史」、「バンザ

イ社史」、「経営資源の浪費」などといった酷評のほか、「社史の三な
し」あるいは「五なし」として「著者なし、定価なし、本屋になし」、そ
れに「読者なし、そして面白味なし」ともされてきた。(中略)

　しかし、近年には、日本で編纂・刊行される社史書の内容について、
国際的に見ても高い水準になってきたとの指摘が増えている。その
背景としては、日本における経営史学の認知と高まり、日本経営史
研究所をはじめとする社史書の制作や出版などを請負う団体およ
び業者の存在、それらの団体などを通しての経営史研究者による専
門的な助言や委託執筆の広がりなどを指摘できるであろう。そのた
め社史書は、歴史情報の単なる記録資料的な価値だけでなく、企業・
事業経営の現在や将来に向けて先人たちの体験とか、理念の共有
化をはかる手段、ないし媒体としての役割や意義、期待などが語ら
れるまでになったのである」

　ここで大事な点は、「歴史情報の単なる記録資料的な価値だけで
なく、企業・事業経営の現在や将来に向けて先人たちの体験とか、
理念の共有化をはかる手段、ないし媒体としての役割や意義」のく
だりです。

　これは橘川先生が前出の論考「経営史学の時代:応用経営史の可
能性」で述べている応用経営史の定義、「経営史研究を通じて産業
発展や企業発展のダイナミズムを析出し、それを踏まえて、当該産
業や当該企業が直面する今日的問題の解決策を展望する方法」と
通底しています。

　これに賛同する当社は、2011年7月22日と2013年3月15日の2

回にわたり、橘川先生をお招きし、講演をお願いしました。そして、その成果をもとに、「良い社史とは何か」の基準について、次のようにまとめました。

①企業が行動を起こした事実に基づいて執筆されている
②網羅性と検索性を兼ね備えている
③業界の歴史の中でその会社の経営ストーリーがわかる

　この要件を満たすために、社史はどのようにつくられているのか、あるいはつくられるべきなのかについて、これから説明してまいります。ただし、請負業として社史の編集に携わった筆者の経験だけでは説得力に欠け、また、守秘義務の関係で具体事例を挙げられない制約もあることから、しばしば斯界の権威の言葉をお借りしながらの、いささか抽象論めいた解説になります。あらかじめお断りし、お許しを請う次第です。

4. 良い社史の基準その① 企業が行動を起こした事実に基づいて執筆されている

　事実に基づくとは、具体的に次のような条件を満たすということです。

●資料や取材内容に鑑み、原稿の表記や解釈の正確性を期す
●組織の歴史、内容の評価に影響を与える記述については、それ

を裏付ける資料か情報があること

●推論を交える必要がある場合は、事業環境や自社の推移を踏まえた合理的な説明を目指す

　資料とは、企業内文書、すなわち「社内報」「ニュースリリース」「取締役会議事録」「有価証券報告書」などの当時資料です。

　社史の文章は、これらの資料から記録として掲載すべき内容を取捨選択し、地の文に置き換えたり、引用したりして全体を構成していきます。文章化していくためには、前後の記事と比較・検証し、疑問点を抽出し、それに基づいて取材を行ったり、裏付け資料で補ったりしながら、資料の内容を解釈し、分析し、文脈を構成していかなければなりません。「資料に〜鑑み〜解釈の正確性を期す」とは、原典としての資料に忠実であるだけでなく、文脈を与える場合に、その解釈に間違いがないようにするということです。

　とはいえ、企業内のナマ資料は、誰が読んでもわかるようにやさしく書かれているわけではありません。外部ライターに執筆を委託する場合は、そのライターが業種・業界事情、当該企業のビジネスモデルを知っていることが前提となります。その知識がなければ資料は読み解けません。社内執筆であるとしても、当時の経営環境がわからなければ、個々の資料の位置づけがわかりません。こうして、資料を読み込み、解釈し、追加資料を求め、それでも理解できない内容、足りない情報について関係者に聞くのが、社史における取材の位置づけとなります。

良い社史とは何か

　取材では、資料の理解できない部分について説明を受け、解釈に正確を期すとともに、そこに書かれていない背景事情、経営意思や経営計画との因果関係も明らかにします。つまり、「取材内容に鑑み〜解釈の正確性を期す」とは、資料の正確な理解に加え、背景事情、経営意思や経営計画との因果関係を取材し、その資料に記載されている出来事や業績の社内的な位置づけを正確に把握して、その文脈に沿って記述するということです。

　しかし、人の記憶は必ずしも正確ではありません。だから、裏付けをとる必要があります。裏付け資料は、社内資料だけとは限りません。政治経済史から業界史まで、外部資料にも当たります。それでも確証が得られなければ、推測で書いていいでしょうか。たとえ推論であっても、書かなければその出来事や業績などの位置づけが不明確になり、全体の文脈が途切れてしまうのであれば、書かざるを得ません。そこで、「事業環境や自社の推移を踏まえた合理的な説明を目指す」ことになります。ただし、社史は記録です。「憶測」を「事実」として伝えるわけにはいきません。「…と推測される」「…と考えられる」など、推論であることがわかるように書くのが原則です。

5. 社史の基盤としてのアーカイブ

　このように社史制作の基盤となるものが当時資料である以上、その編纂作業は資料の収集・整理から始まります。とはいえ、それぞ

027

れの資料は後日の社史編纂を想定して作られているわけではありません。当時資料の限界性として、評価や結果が判明していない段階のものがほとんどですから、個々の資料間をつなぐ文脈、つまり出来事や業績の理由や背景が、その資料自体に書かれているとは限りません。

工場の建設を例にとると、その進捗によって、計画時、建設着工時、完成・稼働時にそれぞれ計画書や社内報記事、ニュースリリースなどが発表されますが、記事によって完成時期、生産品目・規模などが違う場合があります。また、記事発表の目的によっては、地鎮祭や竣工式などのイベントの紹介だけで、背景や建設理由すなわち経営意思との文脈が明快でないこともあります。

また、その性格から生じる、資料固有の限界性もあります。最も信頼のおける一次資料である取締役会議事録でも、そこで審議されるのは計画に過ぎません。実行時のディテールについてはその段階の裏付け資料と校訂する必要があります。

実行ベースの裏付け資料として便利なのは、社内通達機能が加味されることが多い社内報ですが、これにも「財務系を中心に、経営上の重要事項であるにもかかわらず、社内報で開示されない情報がある」「社内報記事は出来事の紹介に偏りがちで、背景や理由などが書かれない場合がある」「社内の士気を下げないよう、撤退、トラブルなどのマイナス要素の記事の記載を避けるか、トーンダウンさせる傾向がある」などの限界性があります。

そこで、掲載するそれぞれの事象について、前後の記事と比較・

検証し、疑問点を抽出し、それに基づいて取材を行ったり、裏付け資料で補ったりしながら、資料の内容を解釈し、分析し、文脈を構成していくことになります。

　これらの作業を体系的、効率的に行うために、企業史料のアーカイブを構築しておくことをお勧めします。電子化が進んでいれば、さらに関係者間の共有も容易になります。

6. 良い社史の基準その② 網羅性と検索性を兼ね備えている

　「網羅性と検索性を兼ね備えている」とは、端的に言えば、社史は"読み物"である前に、"記録"であるということです。極論すれば、読んでもらうためにあるのではなく、必要な時に過去の情報を引き出すためにある書籍といっていいでしょう。

　したがって、社史では目次や索引から探している内容にたどりつけること、そこに必要な情報が網羅されていること、など記録媒体としての機能が、読みやすさより優先されます。同じく記録性を主体とする新聞報道などと同じように、文字数あたりの情報量は一般商業紙誌の記事に比べ格段に多くなります。そのようにして、キーワードやデータを適切に織り込み、読者が必要な情報に適宜到達できる原稿としなければなりません。その一方、臨場感や共感性を持たせるための主観的な描写、他のデータと比較不能な客観性のない修飾、読者を引き込むための強調や、親しみやすくするための平易で曖昧な表現などは排除されます。学術論文やレポート、あるいは

法定の報告書である有価証券報告書に近いと言えるでしょう。

「そんなもの誰が読むんだ?」という声が聞こえてきそうです。その通り、問題は想定読者です。学術論文や有価証券報告書も、誰も読まない想定で書かれているわけではありません。学術論文は学会関係者や研究者が読むことを想定しています。有価証券報告書は株主に対して伝える義務があると法律で決められている情報を提供するために作られています。では、社史の想定読者は誰でしょう。

すでにおわかりのように、読者は社史を通じて「産業発展や企業発展のダイナミズムを析出し、当該産業や当該企業が直面する今日的問題の解決策を展望する方法」を模索する人々、すなわち未来の経営陣、社員、そして業界関係者や研究者です。ここにちょっとしたパラドクスがあります。

筆者は税務関係の実務書の出版社出身ですが、一般読者を想定した税金関係の啓発書や節税の指南書と、税理士や企業の財務・経理部門の担当者など専門家を対象とする実務書では、企画の立て方から内容の密度、文章のタッチまで全く違います。このように読者のレベルに合わせて書籍を企画し、編集するのは、専門書の出版の世界では常識です。すると、新入社員と経営陣の両方を読者とする書籍は成立するのか、という疑問が生じます。冒頭で、「出版業界や広告業界の観点から見れば、何のために、誰に向けてつくられたのかわかりにくい書物」と述べたゆえんです。

しかし、後の世代の人々が、必要に応じて紐解く記録と考えれば、その謎は容易に解けます。紐解く以上、読者は一定以上の問題意識

を持った人々です。「社員になる以上、わが社の歴史は知っておいてね」という新入社員研修レベルの読者想定ではありません。筆者の最初の認識は「あ、百科事典にみたいなものか！」でした。つまり、通読を前提としていないのです。

こうした人々の活用に資するため、社史は具体的にどのような内容を記述すべきなのでしょうか。ここでは、当社の名古屋支社で行われた公開セミナー（2019年2月26日）での沢井実先生（南山大学経営学部教授）の講演「社史から学ぶ経営の課題解決」から「良い社史とは何か」の定義を引用させていただきます。

1. 正確な事実の記述

● それでも残る不明な点。何をどのような史料・資料を使ってどこまで調べたか、その手続きが分かるような記述。記述を追体験、追試できるような書き方。

2. ストーリー性の重要性

● 「だれに向けて何を書くのか」といった明確な問題意識がなければ、ストーリーは生まれない（石母田正『平家物語』岩波新書）。ストーリーが記述の脈絡を保証し、枝葉を切ることを可能にする。

「1. 正確な事実の記述」に関しては、記録としての意義に鑑み自明でしょう。その書き方は「記述を追体験、追試できる」レベルの詳細情報が求められます。他方、「2. ストーリー性の重要性」はなぜ良い社史の定義に含まれるのでしょうか。

031

7. 良い社史の基準その③　業界の歴史の中でその会社の経営ストーリーがわかる

　経営数値や歴代役員などの情報を記録するだけなら、表やグラフで構成する資料集だけで十分です。そこに、"読む"本文が必要なのは、業績数値や年表などの情報だけでは、会社の歴史の意味や意義を理解することができないからです。

　社史におけるストーリーとは、経営環境に対し経営が主体的に行った意思決定を軸に、その実施プロセスから帰結について、時代に沿って、"なぜ""誰が""どのように行い""どうなったか""そこから何を学んだか""学んだことをどう活かしたか"というストーリーを客観的かつ具体的に記述していくということです。

　しかし、経営環境により経営意思が変化していく企業の歴史の解釈は一筋縄ではいきません。読者が当該企業の動向の意味や意義を理解できる原稿とするためには、あらかじめ決めつけることなく、資料から逆算して、ストーリーを探っていく必要があります。個別の資料だけでは不明な文脈を、取材や他の裏付け資料を参照することによって解明し、体系づけていくわけです。

　すなわち、社史編纂とは、資料間の脈絡（文脈）＝ストーリーの記憶が失われる前に、文章として記録しておく営みでもあるわけです。これは、膨大な資料を背景に有する大企業が一定間隔で社史を編纂する根拠でもあると思われます。

8. 経営意志と出来事の因果関係

　長期、中期の経営計画に基づいて意思決定を行う近年の大企業の場合、資料と取材から導きだされる出来事や施策の因果関係を模式図にすると、概ね図1のようになるはずです。

図1：長期、中期の経営計画がある企業の意思決定と出来事の因果関係

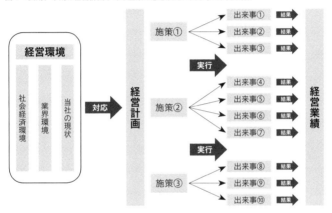

　日本企業に中長期の経営計画が浸透するようになったのは、グローバル化、マルチナショナル化が進み、事業の多角化志向が強まるにつれて、緻密な経営計画なしには運営できなくなったからで、概ね1980年代以降の話です。それ以前の経営は単年度計画が基本で、意思決定の構造はもう少し単純です。

　経営計画に相当する部分は、大局的な、ざっくりとした経営方針になり、個別具体の施策との因果関係は必ずしも明快ではなくなり

ます。この時代の社史を、執筆する立場からみれば、文脈の整理基準があいまいになるデメリットはあるものの、反面、計画が複雑さを伴わないので、経営意思のあり様が明快で、ストーリーラインがつくりやすいというメリットがあります。

　そこで、問題となるのが、個別具体の出来事と経営意思との文脈です。ストレートに経営意思とつながったものから、予想外の事象に対する場当たり的な対症療法に近い施策まで、文脈のレベルが違う出来事が混在しがちです。緻密な経営計画を立てる近年では、たとえ突発事象があろうとも、それは年度ごとの計画の見直しに吸収されていきますが、この時代にはざっくりとした経営方針しかないか、経営計画があっても抽象的です。

　そこで、個別具体の出来事の文脈のつかみ方は、ビジネスモデルに沿った整理になります。図2は、メーカーの場合の単純なモデル

図２：単年度計画しかない時代の企業の意思決定と出来事の因果関係

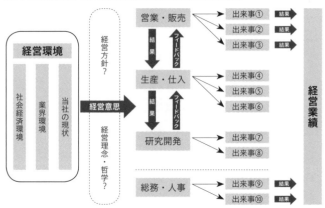

です。また、総務・人事・福利厚生などいわゆるスタッフ系の施策は、ビジネスモデルよりは労働行政やコーポレートガバナンス思想の変化に合わせることが多くなります。こうした因果関係がはっきりわかるのが、良い社史です。

なお、創業期はそれぞれの企業により創業の経緯が違うので、個別の対応になります。創業者の自伝、評伝など過去に文章化されているケースが多く、内容も（国策や企業グループの施策の一環として設立された企業を除けば）創業者個人の事績に偏った、他章とは異質のタッチになりがちです。エピソードや創業者の主観描写などを交えることもしばしばです。

9. "未来"の読者か、"いま"の読者か

すでにおわかりと思いますが、これまで述べてきた「良い社史とは何か」の定義は、大企業の正史を対象としています。ここでいう大企業とは、豊富な資料を有し、平均的な上場企業のガバナンス構造を持つ企業を指しています。

しかし、当社がこれまで手掛けてきた社史の大半は中小企業の社史です。そこにはまた、別のニーズが存在します。「社外にPRしたい」「社員の共感を得て、求心力を高めたい」「経営理念を浸透させたい」など、"いま"の効果に対するニーズです。大企業の正史が「未来の読者のための記録」なら、これらの社史は「いまの読者に対して効果をあげるツール」といえるでしょう。

これを踏まえて、当社の「良い社史とは何か」の基準には、次のような項目がプラスされています。

④その組織らしさがにじみ出ている

　顧客組織の行動様式の特徴の現れたエピソードにも触れる。

⑤従業員がその会社を好きになるようなモラール（労働意欲）アップにつながる

　読者である組織の成員が、組織への共感を高揚させ、労働意欲の向上を喚起する。

⑥組織の制作目的要望に応えている

　組織が定めた発刊目的や編集方針に則り、その実現を図る。

　④と⑤には、これまで述べてきたことに一部反する部分があることにお気づきと思います。たとえ正史の形をとったとしても、これらの社史では、いまの社員が通読に苦痛を感じない読みやすさを考慮します。経営哲学や理念をわかりやすく伝え、共感を得るためのエピソードなども豊富に交えます。企画自体も社員参加型企画を多く盛り込んだ記念誌から創業者伝の漫画化までバラエティ豊かです。

　また、これらの社史・記念誌に対するニーズは、大企業にもあります。正史を編纂する大企業が、別途に新入社員研修を目的とした簡易版のわかりやすい社史を作る例は少なくありません。当社が制作を請け負った社史・記念誌の中には、正史のほかに取引先、ユーザー、社員の家族など読者想定別に都合4種類の別冊をつくった事例も

ありました。

　これらの社史の良し悪しの基準は、第一に⑥の「制作目的要望に応えている」にかかっています。つまり、どれだけ所期の目的にあわせて効果的につくられているかが「良い社史」の基準になります。

　当社はこれまで、商業出版社でもある特性を生かして社史市場を活性化する気概をもって臨んできました。その歴史の中で、読みやすく、わかりやすく、共感性の高い社史を世に問うてきたという自負もあります。その経験を通して言わせていただくならば、大企業の正史とこれらの社史・記念誌との違いは、優劣や新旧で割り切れるものではありません。むしろ、方向性が根本的に異なる二つの流れです。デジタル化と企業アーカイブの浸透を基盤に、目的に応じてこの2種類の社史を作りわけていく。これからの社史は、そのように発達していくのではないかと、筆者は長年の社史の編集経験を通じて考えています。

社史とアーカイブの融合と新境地

社史・アーカイブ総合研究所 主任研究員　**浅田 厚志**
出版文化社 代表取締役社長

1. 共通点と相違点

　社史は日本独特の産業文化として発達してきました。国立国会図書館に所蔵されている社史を調査したところ、日本で最初に社史が発刊されたのは、1913（大正2）年に日本銀行が『沿革史』を出してからで、その後、第一銀行や防長銀行などの金融機関が出版。製造業では明治製菓が1920年、明治製糖が1921年に社史を出したことが記録されています。当時の銀行は国の関与と支援が大きかったので、純民間と言えるかは難しいところです。しかし、明治製菓は明治製糖によって設立され、その明治製糖の前身は、豊田佐吉とならび評される発明・特許王の鈴木藤三郎が設立した鈴木製糖所と日本精製糖なので、純粋に民間企業と言っていいでしょう。よって、日本の企業社史はここに始まったと考えられます。

　日本には200年を超える長寿企業が3,000社以上存在しており、

それらの成功長寿企業[注1]において、歴代の資料・物品が創業家の土蔵に収集、整理されてきたこともありましたから、実は、ビジネスアーカイブはもっと以前から存在していたと考えられます。

当社で社史制作とアーカイブ構築をお手伝いした創業400年を超える企業でも、さまざまな資料を見せていただきました。和紙に筆で書かれた顧客リストや勘定を記した大福帳は、裏には他の記録があって、裏表で使い回していることが見てとれました。それでもその会社が社史を作ったのは、2015年が初めてでした。大正時代以前は紙が非常に貴重な時代でありましたし、印刷技術が未発達だったので、「社史」という書籍としてまとまっていたとは考えにくいようです。

現在、日本では毎年約1,000点の社史が発刊されていると考えられ、出版点数が年々、積み上がっています。[注2]

さて社史という媒体と、アーカイブはどのような関係にあったのでしょうか。戦前に社史を作ってきた企業は、それらの資料を整理し、残すだけの余力があったかもしれませんが、東京などの都市部に資料を保管していた企業では大震災や戦争で灰燼に帰しているケースが多いようです。

よって、アーカイブがあったから社史を作ったとか、社史を作るためにアーカイブを作ったという、相互の補完関係ではなく、各々が別々に作られ、または存在してきたと考えられます。

逆説的に言うと、多くの社史はアーカイブがなくても作れるような内容構成になっており、資料と取材で集められる範囲の情報を素

につくるようにしてきたことが、今日の社史の発刊点数を支えてきたと考えられます。

社史とアーカイブの機能を整理すると下記の図のようになります。

図1：社史とアーカイブの関係

このように、元々は個別に発展してきた社史とアーカイブですが、そのどちらも近年のデジタル技術により、コンテンツと表現方法が大きく変貌しつつあります。今後の成長と発展のなかで、どのように連携しあい、融合していくのか。書籍の社史が徐々にデジタルメディアに移行していくであろう2030年に至るまでのイノベーションに期待しています。

2. 創業時の情報と資料が重要

社史にもアーカイブにとっても、最も大事な資料、情報、歴史は、創業にまつわるコンテンツです。

創業者が何をもとに起業したのか。技術か、商品・製品か、お金か、

人脈か。何かが最初のビジネスを生み出しています。その商品なり、事業が船出して、なぜ、またどのようにして社会に受け入れられていったのか。その商品・サービスが数年しかもたなかったら、いま、その会社はないわけで、それらが成長、発展、あるいは変化して現在に至っています。そして、どこかの時点で創業者の手から離れて事業化され、ビジネスモデルとして成立していく過程が、まずは明らかにされなければなりません。

　しかし、創業時は創業者もその周囲も超多忙で、なかなか資料や当時の物品を残すことまで思いが至っていない場合がほとんどです。よって、せめて創業者が元気な間に、話だけでも聞いて残しておくことが必要です。口述による記録をオーラルヒストリーと言いますが、物品、資料の現物が残っていなくても、創業者やその当時の幹部社員や担当者の声が録音されているだけでも、十分に貴重です。裏付け資料として音声が録音されていて、アーカイブに保存されているのが望まれるところです。そして、それが社史制作に役立つのです。

　当社は1984年の創業で、社史の受託制作を開始したのは、1987年頃からでした。ですが、他の企業と違って出版業でしたから、記録し、残すということは日常業務の中で行っていました。創業の時に知り合いの4LDKのマンションの1室を借りた時の写真や、玄関の知人の名前の下に、小さな社名プレートを貼った写真を撮影し残していましたので、まさに創業の記録が残っています。それは先頃、出版した35年史の冒頭の歴史を裏付けており、たいへん助かっています。

その時は、わずか1.3坪のオフィスで2台の机に書棚が1つ。お客様が来られたら、イスだけを出す、という狭さでした。それから30余年、2019年12月に東京本部を中央区新川に移転することが決まっており、その時に東名阪を合わせた当社の合計坪数は410坪になります。これを社員に知らせることで、それなりの感動を覚えてもらえるかもしれませんし、その間にたどった歴史に思いをはせるきっかけになれば嬉しく思います。

社史とアーカイブの関係は、このように社史で組織の歴史ドラマを語って感動を呼び起こし、それをアーカイブが裏付けて確信を得るという関係が理想的でしょう。

3. 最初の商品・サービス──社史がアーカイブを求めた──

社史の制作が始まる時、多くのお客様の口から「資料がないんだよね」という言葉をお聞きします。過去に何度か移転を経験してきて、その度ごとに資料や物品を捨ててきたという記憶が残っているので、いざ社史を作る時に、罪悪感を含んだ表情で異口同音に言われます。

そんな時、「どちらの会社様も同じです。そこから始めてまいりましょう。思っていたよりは集まるものです」と話すと、少々期待のこもった、安堵の表情が見えます。いままであまり真剣に見てこなかった倉庫や棚、箱。社員やOB・OGなど、特にオーナー家があれば、自宅に相当の文書、資料が眠っています。皆さんからオーナー家に、ぜひ資料を探索させてほしい、という希望を出してください。

たとえば押し入れの奥や天袋に古い資料があるのはわかっているけれど、面倒くさくて出せない、という現実的な問題があります。放っておけば、そのまま死蔵されます。そういうものをぜひ、発掘していただきたいのです。それには足で稼ぐことが一番です。

　社史を作る過程では、記憶だけではどうしても曖昧な部分が残ります。出来事として、それでもかまわないなら良いのですが、曖昧なままでは困る内容や大事な出来事があります。また、複数以上の人の記憶が食い違っているケースも出てきます。そのような時、それを裏付けてくれる資料が見つかれば良いのですが、そううまくことは運びません。しかし、簡単に諦めずに真実を求めていきたいと思います。

　曖昧な事柄がピンポイントであれば、それに関係した人に尋ねたり、現在の部署に調査を依頼することで、それを確かめるための資料や証言が出てくる場合があります。それらを積極的に探しにいくことが、まさに歴史を掘り起こすこととなり、それらを探し当てた時の喜びは大きく、社史編集の醍醐味の一つです。

　社史はこのように、歴史を裏付ける資料や客観的な認証をもとめます。

　一方、アーカイブは、もともと社史になることを前提に作られるものではありません。もっと広義で、高い視点から資料・物品収集、整理、活用するのが本来の目的です。よって、社史はアーカイブを求めますが、アーカイブは社史を求めているわけではありません。社史制作を考える時、「アーカイブがないから」とか「資料が少ない

からだめだ」ということではなく、社史制作に必要な資料だけを集めると考えれば、資料収集の負担は格段に減ります。必要な資料に狙いを定めるためにも、しっかりとした年表(当社では基礎情報台帳と呼びます)を作成してください。

　社史を作る時には、大きな歴史の流れはある程度わかっているでしょう。その詳細を解き明かし、新しい見方、情報を提供するのが社史の役割です。それらをぜひ、この機会に掘り起こして、会社の歴史としてまとめ、ステークホルダーとともに共有する。そんな歴史探訪の旅に出かけていく、ぐらいの気持ちで参加していただきたいと思います。

4. アーカイブが最も活躍するのは社史？

　当社の社史は35年史で、今年の8月にできあがったばかりです。その中に、当社がアーカイブビジネスを始めるかなり前に、顧客から資料の収集と整理業務を請け負う「スキュワシステム」というサービスを開発したことを載せています。当初それがいつだったのか判然としなかったのですが、たしか神戸震災の前だったという曖昧な記憶が残っていました。そこで、代表であった筆者の年間手帳をくってみました。すると、顧客の資料を下見した後、帰りの電車の中で、同道した社員と話をしながら、手帳に鉛筆で書いたスキュワシステムの概念図が見つかりました。そういうものを書いたこと自体忘れていましたが、これが出てきたことで、スキュワシステムがどうい

045

うコンセプトで生まれたのか、それが今日のアーカイブビジネスに
どのようにつながっているのかが、鮮明になりました。しかも、その
メモの右肩には年月が書き込まれていたので、時期も正確にわかり、
そこから当時顧客に納めたデータベースのデータファイルを見つ
けることができました。

　数年後、同じ顧客から、アーカイブサポート業務の引き合いが来て、
以前のデータ構成を提出することで信用を得ることができ、コンペ
ティションなしで、大きなアーカイブサポートの企画を受注するこ
とができました。

　これはかなり幸運なケースでありますが、社史に始まって、アー
カイブにつながり、それが次の受注を引っ張った、というのは本当
にありがたいことだと思います。

5. 最近の社史の傾向

・コンテンツの豊富さをいかに克服するか

　社史の制作が最初に検討されるのは、創業・設立から30年に近づ
いた頃でしょう。第一に、会社が語呂の良い周年を最初に迎えるの
が30年ということ。第二に、ビジネスモデルが勃興してから衰退を
迎えるのがだいたい30年と言われること。そして第三に、創業者が
30年を経ると一定の年齢に達していることがあげられます。

　30年を過ぎると、次は50周年。当社がいままで制作してきた社
史は50年史が最も多く、次に30年、60年と続きます。50年前とい

うことは創業が1969年。日本国内では戦後から1973年の第一次オイルショックまでが1回目の企業の設立数が多い期間です。当時、すでにカラーテレビが家庭に入りつつあり、カメラ、テープレコーダーはもちろん、1956年以来、家庭用のビデオレコーダーも徐々に使用される時代を迎えていました。

ビジネスではコピーやFAXも使われて、会社では多くの資料、情報が日々、作られる時代でした。そのようなことから、30周年を迎える会社はもちろん、50周年を迎える会社でも、たくさんの資料があるはずです。それを意図して捨ててきたら、それは仕方がありませんが、多くの会社では、整理しきれないほどの写真、ビデオ、資料、そして電子データがあふれかえっています。

戦後の1946、47年に設立された会社は、記録機材や材料が十分に揃っていない時代でしたから、初期の10〜15年の資料はほぼない、と言われても納得がいきますが、近年に30、50を迎える企業に資料がないと言われると、残すという意識が希薄だったのか、「後ろを振り返るな！ 前だけを見よ」という考え方で、過去のものをどんどんと処分してきたのかもしれません。社史を制作する際にぜひ、そのような風土、気質を見つめ、考え直していただきたいと思います。

さて、そのあふれかえったデータから、何を社史として使うのか。捨てずに残してきたわけですから、ぜひ、この社史制作の時に必要最低限の整理はしていただきたいと思います。まず、アーカイブとの関係においては、社史を作る際に、どの程度のボリュームの社史を作るのか、が最初の検討事項です。

たとえば、50周年でA4、500ページ程度のものを作ろうとすると、アーカイブの資料リストは作っておきたいと思います。それは歴史上のエピソードで、どうしても原資料にあたりたい要件が出てくるからです。資料リストはどういう資料が残っているのかがわかる資料台帳です。整理の仕方の一例を紹介すると、ファイルが多いなら、段ボールの中にタイトルが書いてあるファイルの背中の天地をそろえて上に向けて入れ、写真を撮ります。その写真をプリントして、箱の上と、前面に貼り付けておき、箱の番号順にファイルを作り、フォルダーに入れて社内のサーバーに保存しておけば、それだけであとから探すことが可能です。その場合、およその歴史順に箱へ入れるようにして下さい。30年前のものと近年のものが同じ箱に入ることのないように留意して下さい。

　かりに、30周年で100ページ未満の社史を作るとした場合は、逆算の資料探しをすることができます。資料の中でも重要度の高い写真にしぼって説明すると、全100ページの場合、巻頭の写真ページが6ページ程度。すると掲載できる写真は過去と現在のものを入れても多くて30点です。その中で歴史的な写真は半分ぐらいでしょう。

　口絵、目次や前書きなどの前付けが約12ページ、巻末の資料編のうち、年表が8ページ、その他の資料が6ページ、後書きなどを入れても後付けは20ページ程度です。すると、100ページのうち、32ページは巻頭と巻末でなくなるので、本文は68ページ。そのうち創業期、成長期、そして現在を安定期とした場合、安定期の資料、情報はすぐ手に入り、確認も容易ですから、問題は創業期と成長期で約2/3

です。すると、45ページ分程度になりますので、写真は1ページ1点とすると45点です。

　この45点と巻頭口絵の写真約15点の合計60点が写真として調達できれば、社史として遜色のない分量となります。そして、本文に掲載する45点は本文原稿ができてから、その原稿の内容を読んで、その中に出てくる「人物、イベント、商品・製品、風景」の写真があるかどうかをピンポイントで探せばいいわけですから、ことはそれほどややこしくはありません。本人や当事者、担当者、現在の部署にあたって探してもらえればいいわけです。

　ここでは写真を例に説明しましたが、これと同じように、資料やビデオ、歴史的な物品（衣装、看板、製品、備品など）にあたっていけばいいわけです。

　これが社史の内容から逆算して、資料を探し、整理するということです。これによって、目当てのコンテンツを社史から逆算して活用することはできます。しかし、それは今後のことを考えて、どこかの時点で整理をしておくべきものですから、この周年の際に、理想的には社史の前、あるいは社史を作りながら、次善の策としては社史を作った後に整理をしておきたいところです。

　現在、使用している資料（現用資料）を整理、管理するためのサービスを提供している会社はたくさんありますが、当社のように、歴史資料や物品も扱うビジネス・アーカイブの構築をサポートしている会社は少ないので注意が必要です。社史ではコンペティションで敗退したところでも、「アーカイブは出版文化社で」というオーダー

もよくいただきますので、ビジネスアーカイブの構築のサポートを
している会社は少ないのでしょう。

・資料編のデータベース化：1/4にはDVD・WEBがつく

　当社の社史制作の歴史で、「社史を作るけれど、本はいりません」
と言われて印象的だった顧客はエクソンモービル・ジャパンでした。
最初、片言の日本語でテキサスから電話があって、「日本のエクソ
ンモービルが日本に進出してからの歴史、約120年を社史にしたい
ので、コンペに参加してもらえますか。事務局はバンコクになりま
すので、そちらと連絡を取って下さい」という話でした。そして、詳
しく聞くと、「データを作って、USBメモリ5,000本で納品して下さ
い」という企画。さすが外資系の会社だな、と思ったのと同時に、早
くからデジタル社史を開発しておいてよかった、と胸をなで下ろし
たのでした。

　わすか8ヶ月ほどの制作期間でA5判の本に換算すると300ペー
ジ近くのボリュームで、それに多数の動画や音声を入れたデータを
つくってUSBメモリで納めました。

　それ以前から、本に資料編のDVDをつける、本のページデータ
をデジタルブックにして本とともに納める、社史のコンテンツを元
にして、動画を制作してDVDで納めるといった企画はありました
が、エクソンモービル以来、当社もデジタル社史のニーズを確信し
て、企画提案が多くなったことで、徐々にこのようなデジタルメディ
アが本の社史に付録されるケースが多くなってきました。いまでは

社史とアーカイブの融合と新境地

200ページを超えるような大部な社史なら、ほぼ付録するようになってきましたし、それを下回るページ数の社史でも付録される会社が増えてきています。

このような事例が徐々に多くなっていき、2030年までには本の社史とデジタル社史が逆転するだろうと考えています。このような媒体選びに最も大きな影響力をもつのは、経営者の年齢です。会社のトップが今の時点で65歳を超えた人なら、本の世代ですから、本の社史を希望される方が多いでしょう。そして、徐々にデジタル世代に移行していき、40代、いわゆる団塊ジュニアの世代ではほぼ、デジタル世代へ移行となります。その世代が社長を務める時代、つまり2030年頃には、本の社史ではなく、デジタル社史が主流を占めると考えます。そのような時代の流れを意識された上で、今後の社史の企画を検討されることをお勧めいたします。

・AI技術が社史の編集を支える

当社では「AI編集」「AI社史」という商標をすでに登録しています。今後、編集業務や社史の制作に、AIが確実に入り込んでくる時代になってくると確信しているからです。

たとえば、新聞記事で事実だけを伝える短い記事なら、必要項目だけを入力すれば、記事本文はAIが作るのは当たり前になっています。それが徐々に長い文章にも適用してくるのは明らかでしょう。

インタビューを終えた音声データは、AIにかけたら瞬時にテキストデータで変換されるという技術はほぼ、完成しています。それ

051

まではライターが自分でテープ起こしをして、それをもとに原稿作成をしていましたが、今後は時間とコストが省かれ、執筆の生産性が格段と上がる時代になってきます。

　社史の自社年表を作るにも、社会年表や業界年表は、公刊されているデータや本からとれば良いわけですし、一から調べて入力する、という時代ではもはやなくなっています。自社の経営推移は主な経営数値を入力すると、縦横無尽に分析をしてくれるさまざまなソフトがあります。それらの経営推移データと、いつ何があったのか、を記載することで、かなり突っ込んだ年表を作ることが可能になっています。

　私たちがいま、チャレンジしているソフトは画像認証技術を使った写真の整理です。顧客から預かった写真を、自動スキャンで読み取り、その写真の内容をAIで自動的に分類していくという技術です。顔認証の技術は相当進んできていますので、それをもとに歴代社長の写真を選び出すとか、写っている人ごとに写真にタグをつけて、名前で引っ張り出せるようにするとか、風景や建物などで写真を分類しておき、必要に応じて引っ張り出せるようにしたいと考えています。

　このように、今後、AIは確実に社史の編集業務に参入してきます。臆せず、その利点を活用して、編集業務、社史制作の生産性を上げたいと考えています。

社史とアーカイブの融合と新境地

・バインダー社史で社史を配布する先を分ける

　当社の社史は創業35年にあたる本で、今年刊行しました。しかし、実際に作ったのはわずか70冊ほどです。現在の社員が130名ですから、全員には配りません。社内は役職者だけで、ナンバリングをして配布した先を特定できるようにしています。社外は、長年、お世話になってきた特定の会社とOBたちだけです。取引の有無ではなくお世話になってきた会社、人物に特定しています。

　なぜ、そのようなことをしたのかというと、会社の歴史でよかったことも、よくなかったことも、できるだけ詳細に記述したからです。中には公刊してしまうと、取引先やOBなどに迷惑がかかるようなことがあるかもしれないからです。

　また、新しく入った社員に読ませるには、少々、はばかられるような内容もあります。しかし、それを気にして書かなかったら、埋もれるようなことをあえて書き下ろしました。

　それは、今回の社史は創業者である筆者が、社長在任中に出せる最初で最後の社史になるからです。今書いておかなければ、今後に絶対に書かれない歴史があります。それを、新入社員を気にして書かないのは、本末転倒であると考えました。

　よって、それを気にせずに社史を制作できる方法を考え、バインダー形式にして、出版しました。バインダーは配る相手によって、内容を編集して渡すことができます。

　一方、2020年2月6日の36回目の創業記念日を目指して、普及判の編集が進んでおり、それは130ページ程度のコンテンツになる予

定です。

　そして、社内では、正史版からページを抜粋しながら、月1回の社史研修会で社員に歴史をひもときながら、補足説明をして、その上でディスカッションをしています。

　社史を研修に使うのは、第一には社員に一体感をもってもらうためです。よって、名古屋、大阪、東京での研修会に、筆者が出向いて研修を行いますが、最後の最も社員数の多い東京で行う研修を収録して、その内容の研修を聞き逃した人、その後に入社してくる社員にも見てもらうこととしています。

　さて、最後まで終えるには何年かかるでしょうか。現在の調子で続ければ5〜6年かかる計算になりますが、それは創業者としての筆者の責任として、やり遂げたいと考えています。

　バインダー社史は、ページをバラバラにすることができるので、このように研修に使えるページだけを採りあげて、利用することが容易です。また、いったん社史を発刊しても間違っていたり、内容が足らなかったり、追加情報が出てきたりということがたくさん出てくる可能性があります。当社のような社史のプロが集まった会社では、各々が社史について一家言をもっていますから、なおさらです。先に役職者だけに配った社史には、さまざまなところから意見が出てきています。単純な間違いや解釈違い、新しい情報などが報告されています。これらの内容を、いずれまとめて更新します。その際訂正が入ったページだけ印刷をすれば良いわけです。コストのことを考えるなら、厚手の紙にカラーコピーでも対応できるはずです。

社史とアーカイブの融合と新境地

このようにバインダー自体は新しいものではありませんが、社史として使うことで新しい社史のあり方を提示することができると考えています。

・1年史の可能性：オーラルヒストリーの重要性

当社では、今後は「1年史」(当社登録商標)を追加していく計画です。1年の半期が終わった段階で、総務部長が役員と主要な部署のリーダーにあらかじめ、インタビュー内容を渡しておいてICレコーダーでインタビューをします。「人、物、金、技術、情報、哲学」の各項目を、半期ごとに振り返って話を聞くわけです。これをテープ起こし(自動音声認識)したものと、それに付随する資料を添付して保存しておき、1期が終わって、後半のインタビューが終わった段階で、1年の内容を、ライターに渡して、部門ごとの動きを文章で要約してもらいます。

それに関連した資料や写真、デジタルデータなどを添付して、バインダー社史に追加、配布、保存をします。デジタルデータは、サーバーの中の「36年史」に保存しておき、アクセス権を役職者だけに付与することで、限られた人たちの間だけで共有することができます。

これを15年続けておけば、次の50年史の時には、おそらく50周年記念誌として、「御礼とお祝い」を主目的とした記念誌を出版するだけで、歴史本体を記述している社史は、毎年、詳しい「1年史」が出版されていますので、それを読めばいいだけです。恐らく、さまざまな情報や資料、デジタルコンテンツが残されていくことになるので、いまからその集積が楽しみです。

これは社内で、総務が中心となってオーラルヒストリーを作っておくという活動です。インタビューをするだけなら、必ずしも専門家に依頼しなくても、質問内容を十分に吟味して、1週間以上前にインタビュイーに渡しておけば、できると思います。そして、それをICレコーダーに録音して、その録音とテープ起こしを保存しておくことが大事で、これをしておけば、いわば自動的に歴史が毎年、記録されていく仕組みができたとも言えるでしょう。

　何かがあった時には、音声を文字化したデータに遡って、詳しい内容を確認することができますし、その内容を元にして、より詳しいところへ突っ込んで調べることも可能です。オーラルヒストリーは、手を加えずに、そのまま残すことが大事です。質問内容も、意図的にある方向にもっていくような誘導質問にならないように気をつけておくことが大事です。その点の注意は必要ですが、とても記録価値のある歴史の重要情報になること請け合いです。

　実は、ある大手メーカーでは、創業者の命によって、このような「1年史」が出版されていたようです。1年がA4判で500ページ近くあるそうですから、相当な情報量です。それを社史の出版の合間にまとめてこられたようですが、創業者が亡くなった途端に出版されなくなったようで、そのようなものか、と思い知りました。

　いま、その会社では100年史の制作が進んでいるそうですから、そこであらためて、歴史の再確認が行われることでしょう。

6. ソサエティ5.0に向かって ──持続可能な発展のため、社史がESGに果たす役割──

　当社は日本経済団体連合会に加盟しています。まだ、活動は緒に就いたばかりですが、今後、賛同しているESG（環境・社会・ガバナンス）の推進活動に参画していきたいと考えています。なぜならば、社史の出版はESGのSとGに深く関係していると考えているからです。それを語るには、いまから28年ほど前、2019年2月に逝去された堺屋太一氏からいただいた言葉を紹介するところから始めましょう。

　「私はかつて通商産業省で通商白書を書いていたが、それはマクロ経済の分析と解説が主だった。出版文化社がしている社史の制作、経営者の伝記の制作というのは、ミクロ経済の分野になる。マクロをひもといていくと、一つひとつの企業と、一人ひとりの経営者に行き着く。非常に重要な仕事だから、しっかりやってくれたまえ」。

　創業以来の株主であった氏からこの言葉をいただいて、私たちが行っている社史の制作が、日本経済の動向とどのように関わっているのかがわかりました。そして、社史に取り組んでいく私たちの心に火をつけて下さり、この火は以来、年々大きくなって、当時、わずか十数人の出版社が、いまは130人となりました。いまでは社史のビジネスが引き金となって、アーカイブサポート・ビジネスにも拡大しています。

　このこととあわせて、私たちをいっそう、社史ビジネスに駆り立てたエピソードがありました。それはあの雪印食品の牛肉偽装事件です。いま、この会社はなくなっており、多くの情報は社会的に共

有されているので、ここで私たちの経験をひもときながら、ESGのG、コーポレートガバナンスと社史の関わりを論じたいと思います。

それは2000年にまで遡ります。雪印食品の社史が完成したのがその年の12月でした。その社史は3年弱をかけてつくる計画で、社員約1,100名の会社ですから先様の社内担当者は6名の態勢で進みました。

会社の代表者は雪印乳業本社から来られる方で、ほぼ2年に一度、交代していきます。よって、雪印食品の経営を実質的に牽引しているのは、プロパーであった当時の専務取締役と聞いていました。ところが、社長の取材はできましたが、専務の取材ができない状態が続きました。実質的な経営者である専務の取材ができなかったら、社史は出せない、ということをお伝えして、何度も取材を申し込みましたが、納期があるので、結局、専務の取材はないままに出版することとなり、たいへん残念な思いをしました。

ところが、社史の完成約1年後に雪印食品の外国製牛肉と国内産牛肉の付け替え事件が発覚しました。これは国内で発生した狂牛病への対策で、国内牛を政府が買い上げるという特例措置で、この時雪印食品は外国産牛肉のラベルを国内産ラベルに変えて、国に買い取らせるということを行っていたのです。そして、倉庫会社の代表者による告発後、それを首謀していたのが、雪印食品の専務取締役であったことが判明しました。

この経験から、私たちは多くのことを学びました。最初は、驚きとともに、社史の無力さを感じました。社史を出したばかりの会社

が、その約2年後に解散してしまうという社史の無力さに思いが募り、落胆していました。しかし、社内の担当者のヒアリングをしてみますと、前述のように、専務の取材を何度申し込んでも専務が受けなかったことがわかりました。雪印食品のなかで、生え抜きの彼は、本当は最も社史に出たいはずの人でした。

ところが、一度の取材も受けず社史が出ていった。それは、2000年当時、親会社・雪印乳業の集団食中毒事件で雪印本体のみならず、雪印食品も経営に苦しんでおり、その先頭に立っていた専務は会社の歴史と正面から向き合う勇気がもてなかったからではないでしょうか。その苦しい心情は容易に想像することができます。

もし、あの時専務が私たちの取材に立ち会い、50年の歴史に思いをはせることができていたら、自ら手を染めるような偽装事件は起こしていなかったのではないか、と思います。あの時偽装行為を止めていれば、いまも雪印食品は経営を継続している可能性は高いと考えます。社史の担当者も含めて約1,100人の突然な雇用喪失を考えると、残念でならない事件でした。

このように著名で、かつ日本、そして北海道の経済と歴史に多大なる影響力を与えてきた企業が、象徴的なあやまりを起こすことを目の当たりにして、社史の効用をあらためて感じました。たとえば、10年に一度、社史を出すと決めているとしたら、その10年のうちにおかしな事件を起こしたくないし、起こってほしくない、というのが経営者の本音でしょう。

このように社史は未来を良い状態に規定する企業のガバナンス

に対して、多大に貢献できる力があり、当社がそれを事業にしていること自体が、ESGに関わっていると言えなくはないと思います。また、それをより良く推進し、良い社史を作る、良いアーカイブを作るという事業活動はそのままESG活動と言えなくもありません。SDGs（持続可能な開発目標）はゴール、ESGはそれを実現するためのプロセスと言われています。社史には経済・社会に貢献できる大きな力が秘められていると、私たちは考えています。

その一環として、当社では経団連の震災復興への活動に呼応して、2019年11月にセミナーを開催することとしています。テーマは、経団連が取り組む震災復興支援を通じて、東日本大震災と社史が、この間、どのような関わり合いをもったのか、社史で大震災はどのように採り上げられているのか、それを検証するためのセミナー企画です。

このような企業のあり方と社史やアーカイブの役割を考えられるような活動を、今後も続けていく所存です。

7. コーポレートガバナンスと社史

1990年にバブル経済がはじけて以来、日本の産業界ではさまざまな不祥事が発覚してきました。具体例を挙げるには枚挙にいとまがありませんが、上述の雪印食品の親会社、雪印乳業もその一つでした。

最近の日本郵政で起こっている生命保険の不適切販売もしかり、日本社会の負の部分につけ込んだ問題として、我々は大いに反省し

なければならないと考えます。

　なぜ、企業は不正を犯し、あるいは社員や顧客を犠牲にしてまでも売上、利益を出そうとするのでしょうか。その原点は貪欲さであったり、自己保身であったり、人の弱さから派生していることが多いように感じています。

　筆者は「人間性弱説」に基づいて、当社においてさまざまな施策を考え、導入して来ました。性善説で企業経営を進めることができれば、素晴らしいことですが、社員、顧客、株主から会社を預かっている経営陣としては、経営管理をするにはあまりにぬるま湯的で、それで人材を育成できるのか、心許ないと思います。

　反対の性悪説で成り立たせる会社のルールは、日々、どんどんと深みにはまっていく気がします。人のすべてを疑ってルールを作ろうとすると、箸の上げ下げまで言及することとなり、そういう会社では社員は育たないだろうと思うのです。社員に自分で考える余地を与えず、すべて会社が決めた方法で日々の業務を進め、マネジメントをするというのは、社員を機能としてしか見ていない、本来、あってはならない企業運営の仕方です。

　本来、企業統治はどういう考え方で組織をマネジメントしていくのかが語られるはずです。そこを明確にせず、ルールだけで企業を統治しようとすると、すべての行いが文書化され、可視化され、ソフトウェアやプログラムの上だけで仕事をするということに終始します。それはあまりに残念です。

　会社の哲学が見えないと、どういう考え方で会社は経営され、社

員は何をよりどころとして業務を進めればいいかが不明瞭になります。ルールは本来、少なければ少ないほど、社員は自分の個性を活かし、自由闊達に語り合って、業務を進められるはずです。理想的には社員の個性を制御、束縛するよりも、社員を信じ、社員に委ねて経営していくことで、会社を活性化させたいものです。

近年、大手企業に導入されている「経営諮問委員会」や役員の報酬を決める「報酬委員会」は、ルールばかり詳細に作り、深めるだけで、会社のフィロソフィが見えてこない気がします。本当に、このような方向で企業統治はうまく進むのでしょうか。

そこで社史という「私たちは何をしてきて、今日を迎えたのか」を社員と共有することで、経営方針を伝え、皆で遵守していく、という活動へつながってほしいと思います。社史はそのためにたいへん役に立つメディアです。本来、社員の求心力を高めることが第一目的として作られ、そこに威力を発揮します。ぜひ、社史の強みを活かして、企業統治に活用していただきたいと考えています。

[注1] 韓国銀行(2008)、「日本に長寿企業が多いわけは? 韓国銀行が分析」聯合ニュース、2019年9月5日閲覧

[注2] 日本で最大の社史の蔵書を誇る神奈川県立川崎図書館・科学情報課の高田高史氏のコメントによると、「当館で所蔵している社史は、日本で刊行されている社史の半分も収集しきれていない気がします」(川崎図書館発行『社楽』第51号2頁下段)とのこと。同館では2014年に出版された社史は223点が蔵書されている。2014年は出版文化社だけでも、120点を完成されており、そのうちの数十冊は、依頼主の了解を得て、同館に寄贈していますが、数分の一にとどまっています。それから考えると、日本全国で1年間に1,000点近い社史が刊行されていると考えていいのではないでしょうか。

成果を生み出す社史の作り方
—— 成功長寿企業になるため、会社の歴史からいかに学ぶか ——

社史・アーカイブ総合研究所 主任研究員
出版文化社 代表取締役社長　　浅田 厚志

1. はじめに

社史の企画・制作を始めて33年がたちました。会社として受注してきたのは約1,450点、社史の歴年数の合計が82,733年になりました（2019年8月時点）。本当に多くの会社と経営者に、社史の企画・制作を通じてお会いしてきました。

どの経営者も自身が経営している会社は、絶対自分の代でつぶさないと思っておられますし、自身が退任したあとも永続することを望んでおられます。それは「発展して大きくなってほしい」という希望よりも、はるかに多くの経営者の願いです。このような思いが代々つながって、会社は長寿企業となっていきます。ソフトバンクの孫正義氏は「300年企業へ挑戦する」と公言していました[注1]。

孫氏のこの言葉は企業の最重要テーマが成長から維持、継続することへ変化したことを表しています。

日本は世界に冠たる長寿企業が群生した国であることは知られてきました。たとえば、創業200年を超える企業は世界に5,586社(41ヵ国・2008年調査)ありますが、そのうちの3,146社は日本企業と言われています。内戦や明治維新、2つの大戦に2つの大震災があって、平穏な時代ではなく、それは他国でも同じ条件でした。にもかかわらず、長寿企業が日本に遍在しているのはなぜでしょうか。

　また、日本は社史の発刊においても世界で最も進んだ国と言えます。当社では2008年、09年に海外社史研究会というグループを社内で作り、国内外の研究者とコンタクトをとって、海外の社史について調べました。1つの企業の歴史を採り上げ、10～20年ごとに企業の歴史書を出しているのは日本と韓国、そしてまだ少ないですが、中国でした。米国、英国、オーストラリアでは歴史写真集のようなものや、第三者のジャーナリストや学者が書いた企業本はありますが、会社が発行する歴史本はほとんど見られません。

　長寿企業の群生と世界一の社史大国——この2つには何か関係があると思ったところから、筆者の長寿企業の研究は始まりました。日本の経営者は企業に長く続いてほしいと考え、長寿企業を尊敬しています。それは前述のように、規模が大きくなることよりも、大事なことと考えられています。

　また、社史は会社の発展、継続のために作られるものです。では企業を長期にわたって発展させていくには、どういう経営が求められるのでしょう。大学院で長寿企業の研究を始めたのは、そのような思いがきっかけでした。社長が会社を長寿企業にしようとする目

的と、社史を作るという手段が合致し、表裏一体になれば、社史が
より良く経営改善に役立つ資料になるはずです。では、それはどの
ような社史なのでしょう。そして、どういう作り方をするのでしょ
う。本稿はその答えを、長寿企業の経営と社史の有用性を同時に分
析することで見いだしました。

　社史は周年を迎える時に作られるのが一般的です。その時には、
普段やりにくいことでも、「周年だから…」という理由でやりやすく
なります。長寿企業は会社を変化させて、現在に生き残ってきました。
会社の何を変えなければならないのか、何を変えてはいけないのか、
それは社史が教えてくれます。また、教えてくれるような社史を作っ
ていただきたいと思います。

　平成の30年間に私たちの経済環境は大きく変化しました。そし
て社史を取り囲む環境も変貌しました。以前の「感謝」と「記録」と
いう社史を作る2大コンセプトだけでは、いずれ他のものに取って
代わられる時代がくるでしょう。今のうちに社史の必要性と意義を
見直し、新しい提案を経営者と読者にする必要があると思い、本稿
を執筆いたしました。

　社史の業界には、筆者よりもはるかに経験が長く、深い方々がお
られます。謙虚の気持ちをわすれず、執筆を進めてまいります。

2. 社史はどのように作られてきたのか

(1)社史はいま、どういう時代にあるのか

近年、社史の役割が大きく変わろうとしています。それを語るには、まず社史が生まれた頃にさかのぼって、時代を下ってみましょう。

社史の始まりは、1913（大正2）年に日本銀行が『沿革史』を出してからで、その後、第一銀行や防長銀行などの金融機関が社史を出版しました。メーカーでは明治製菓が1920（大正9）年に出した『創立15年史』、明治製糖が1921（大正10）年に出した『創立15年史』、その後、三菱造船、川崎造船、日本電池などの企業が続いています。

この頃の社史は、歴史を残すことに目的がおかれており、読者対象は社員ではなく、社内では経営陣や管理職であり、主には社外の官公庁や取引先、金融機関や大学、研究機関や研究者などを対象とするような、漢字が多くて、読みづらい大部な社史が主流でした。

その時代が続いて、戦後、経済的に余裕が出だした1960年代後半から社史の出版は増えていきました。そして最初のブームは戦後まもなくにできたベビーブーマー企業（1947〜50年生まれ）が30年を迎える頃に続々と出版された『30年史』です。この頃の企業は戦役から帰還した創業者が経営しているケースが多く、企業は経営者の年齢とともに成長し、老いていった時代です。

仮に35歳で独立・創業していたとしたら、30年で65歳。1975年頃の平均寿命は男が72歳、女は77歳なので、そろそろ引退を考える年です。周年でも、特に世代交代が伴う時に社史が出版されるこ

とが多くありました。

　企画のとりまとめや資料の探索は社内の社員で、原稿の執筆は外部の専門家、特にその事業分野に詳しい研究者や大学関係者などが年表の作成や本文の分担執筆などで活躍していました。当時は研究者にとっても、研究・分析できる資料は少なく、企業が社史を出す時に、その資料を見て業界研究ができ、しかも企業と業界の歴史を執筆して、アルバイト代を稼げる、一石二鳥の研究でした。

　近年では変わってきましたが、当時の研究者や大学関係者が書く文章には、学術的な書き方が求められており、その型をはみ出すと研究者の作品として認められなくなる、という要請がありました。また、語彙が豊富なだけに、意味を明確に限定する単語を使うと、言葉が一般の読者には難しく、一部の社員からは「昼寝の枕」と揶揄された時代でもありました。

　研究者の、研究者による、研究者のための社史——当時の社史をひと言で表現すると、このようになるでしょう。この時代に社史を出す企業は業界を代表する大企業ですから、社会的責任として会社の歴史を記録として残すことと同時に、その研究者や大学関係者のために、研究材料と場所とアルバイト代を提供し、企業と研究者の関係を構築する意味もあったと考えられます。

(2)中小企業が社史を作り出す

　そういう時代が長く続くうちに、大企業に混じって、1970年代後半から徐々に中小企業でも社史を作るところが出てきました。戦後

から1950年代にかけて創業した企業が30周年を迎える頃です。創業者の気力、体力など、年齢的なことも作用していたでしょう。時代は高度成長からドルショック、第1次、第2次オイルショックを経て、GDPが年率4〜5％の中度成長の時代にはいり、1990年のバブルまで上り詰める時代です。

　大企業が社史を作ることと、中小企業が社史を作ることでは、その目的に違いが出てきました。業界を代表する大企業には、大学や研究者が集まる研究上の利点や、潤沢な予算が提供されるメリットがありました。しかし、中小企業にはそのような魅力的な資料や情報も、潤沢にかけられる予算もありません。また、大企業は立場上、資料を整理して研究者に提供し、業界と企業の動向をまとめてもらう、という経営資料の保存と広報戦略上での有用性がありました。しかし、中小企業にはそのような必要もありません。

　では、中小企業は何のために社史を作ろうとしたのでしょうか。大企業のまねごとをする見栄でしょうか。中にはステータスや会社のイメージ作りのためという目的があったでしょう。自己満足という社長もおられたと思います。しかし、多くの中小企業にはそういう余裕はありません。そこには何らかの意図と目的が込められています。

　私たちはそれを「社史のサービス業化」と呼んでいます。つまり、大企業が作っていた頃の社史は、「社史という本を作る」ことが目的でありました。本を作ることが目的なら、それは製造業です。ところが中小企業では、単に本を作るというだけではなく、社史に何ら

かの役割とメリットを求める会社が増えてきました。「社員の教育と研修のために」「取引先への感謝と御礼の意味を込めて」「社員の経営参加を促すため」など、社史に具体的な役割が求められるようになりました。

社史が会社の経営資料を集積したものではなく、他の社内資料にはない役割を帯びて企画されるようになり、そこに「本の企画のプロ」が求められました。そういう要請から、社史は研究者が読者のことを意識せずに書けた時代から、しっかり読者のことを考えて書かなければならない書籍として企画される時代になったわけです。

社史そのものの価値は本という体裁、形にあるのではなく、本の企画、内容にこそ、意味があります。本の企画となると、企業の担当者と大学の先生、研究者だけでは作りきれなくなって、本作りのプロの参加が求められるようになりました。つまり、社史という「本」ではなく、社史という「企画」を作るプロが企画・編集の役務を提供する、請負業務になったわけです。ここから「社史のサービス業化」が進みました。

企画のプロが参加するようになって、社史の業界はかなり変化しました。それまで研究者や大学関係者が整理した経営資料をもとに原稿をまとめていた時代は、「まんじゅう本」と言われていました。周年記念式典の最後に、まんじゅうの代わりに渡すところから、この言葉が使われたのでしょう。この頃は本という形が必要だったということです。

ところが、中小企業から「社員にも読みやすく、わかりやすく」と

いう要請が出てきたことによって、作り方が変わりました。それは当然のことで、読めない社史では社員と共有化できないからです。

　読みやすくするための企画へのこだわりが出てくると、どういう企画を盛り込むのかを、最初にあれこれ考えて内容構成を決めていく作業が発生します。こうなると、自社内の知識だけでは作りきれなくなって、プロの企画マンと原稿を執筆するライター、そしてでき上がった原稿を編集する編集者が求められました。

　当社が社史の企画・制作事業に参入したのはこの頃です。1984年の創業で、ちょうど社史の業界が変質してくる時代です。そこに豊富なライターのネットワークとSMBCコンサルティングや、朝日カルチャーセンターの社史セミナーで経験を積んだ当社のような企業が参入しました。最初から社史の制作事業は出版業や製造業ではなく、サービス業であると考えて、顧客の意向を汲み、顧客に喜んでもらえる社史を目指して、徐々に社史の受注量を増やしました。

　それまでは研究者や大学関係者が執筆しておられたので、そのような知識人には企業側から要請しにくいことがあったでしょう。書いていただいた原稿に朱を入れることも憚られたでしょう。その点、プロが介在していれば、多くの業務をアウトソーシングできます。

　有名人と社長の対談や、社員座談会、社員アンケートやイラスト化やマンガ化など、いかにしてメインの読者である社員が理解できる社史を作るか。企業の担当者のみならず、時には代表者も加わって、企画や内容構成の検討をしてきました。

　時代は1985年から始まった円高時代を背景にして、徐々にバブ

ル経済が膨らんできた頃。社史もそれに歩調をあわせるように豪華な造りになっていきました。傾向として、読者の多様化、企画の多様化と個性化、多ページ化、紙面の視覚化、体裁の大型化、多色化、大部数化、そして読者参加型の社史が多くなって、社史の外注化も進みました。ただ、この頃はまだデジタル化というのは極めて少なく、社史のデジタル化はまだ10年ほど待たねばなりません。

そのように、社史が明確に読者を意識し、役割が明らかになったことに伴って、社史のビジュアル化とカジュアル化（わかりやすさ、気易さ）が進み、社史の市場は伸びました。

これが大正時代から約100年の大きな社史の流れです。では、近年はいままでの社史の流れに、何が加わっているのでしょうか。それを知るために、当社が社史の顧客企業に納品後実施したアンケート調査の集計を見てまいりましょう。

3. 社史の活用度調査を見る

2010年の年央に、当社で社史を作らせていただいたお客様に、社史完成後の活用について調査を行いました。電話で協力依頼をして、応諾いただいたところにアンケートをお願いしました。中には社史の制作をするために呼ばれた担当者やOBの方々がおられ、その後、退職されたり、体調を崩された方々には調査のお願いができませんでした。調査の概要は以下のとおりです。

1) テーマ 「社史の活用度調査」
2) 調査期間 2010年7月1日〜10月29日まで
3) 対象企業 当社で社史を作らせていただいた企業41社
4) 調査票配布方法 39項目のアンケート用紙を作成し、郵送にて55社に配布、ファクシミリにて回収
5) 回答者 社史を担当された方、または社史の活用度がわかっている方
6) 地　域 関東圏と関西圏の顧客企業
7) 回　収 41社(5社は回収期間遅延により無効とした)

(1) 社史の効果について

【図1】社史の効果について：代表者様の意見（票数）

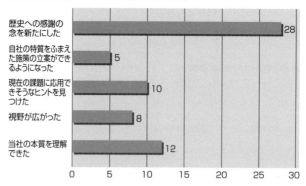

　歴史への感謝が圧倒的多数になりました。歴史といっても、歩んだ歴史そのものと、その歴史を作った先達とお客様への感謝の気持ちが込められています。その他、当社の本質が理解できた、という

のは良い答えで、本来、社史はこういう目的のために作られるものだと思います。

【図2】社史の効果について：従業員様の意見（票数）

項目	票数
歴史への感謝の念を持ってくれるようになった	22
社内が活気付いてきた	1
会社の特質をふまえて仕事にあたってくれるようになった	11
視野が広がった	9
社員が会社のことを理解するようになった	32

従業員はやはり従業員の立場で考えるので、従業員が会社を理解したことについて最も効果があったという結果になりました。

(2) 社史の日常的な利用方法

【図3】社史を日常的に使っている方法

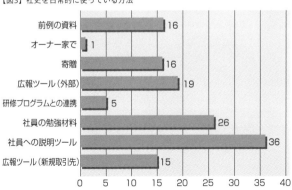

項目	票数
前例の資料	16
オーナー家で	1
寄贈	16
広報ツール（外部）	19
研修プログラムとの連携	5
社員の勉強材料	26
社員への説明ツール	36
広報ツール（新規取引先）	15

「社員への説明」は、新入社員などに会社を説明する時のテキストになっているということです。会社を全般的に理解してもらうには社史は最適の媒体です。第2位は「社員の勉強材料」、第3位は「外部向けの広報ツール」でした。代表者や役員が日常的に使うという項目が無かったのは残念でした。

　この答えには「社史を日常的には活用していない」という会社もあり、15社に上りました。内容を伺うと、圧倒的に「社史を作ることが目的であった」という答えでした。社史を作って、それが社員の間で、どのように活用されているかについては、調べていなかったり、関知していなかったという場合も含まれます。社員の多くは、一度は社史に目を通しているようですが、その後、家の本棚で眠っているだけではもったいないと思います。この点は、私たち社史のプロの提案内容がまだ弱い、ということでしょう。

(3) 社史を活用するための工夫

【図4】社史が活用できるように企画を工夫したか

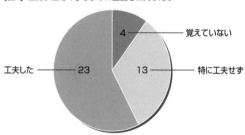

　【図4】を見ると、「工夫した」が過半数を示しているので、企画を

固める時に、何らかの工夫を行っています。「特に工夫せず」というのは、企画の内容については、外注先である当社に任せていただいた、ということです。

(4) 社史発刊の目的

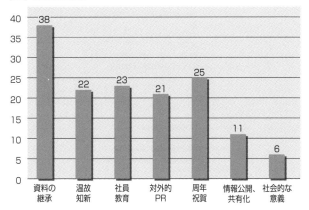

【図5】社史発刊の目的

発刊の目的で「資料の継承」がトップに置かれているのは意外でした。残すべき資料があって、それをこの機会にまとめようという要望があったことがわかります。しかしこれは社史と言うより、昨今、ニーズが台頭しているアーカイブです。当社でも社史とは別に、東京と大阪に専門のアーキビストを配置して、資料の収集・整理・データベース作成を行ってきましたが、いよいよ社史が企業アーカイブの一環、または一部という位置づけになってくる時代が近づいています。

（5）目的を達成するための企画方針

【図6】社史の目的達成のために重視した内容

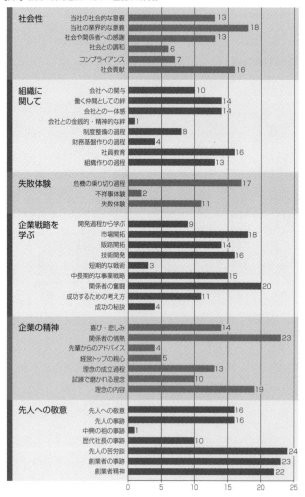

社会性	当社の社会的な意義	13
	当社の業界ટ的な意義	18
	社会や関係者への感謝	13
	社会との調和	6
	コンプライアンス	7
	社会貢献	16
組織に関して	会社への関与	10
	働く仲間としての絆	14
	会社との一体感	14
	会社との金銭的・精神的な絆	1
	制度整備の過程	8
	財務基盤作りの過程	4
	社員教育	16
	組織作りの過程	13
失敗体験	危機の乗り切り過程	17
	不祥事体験	2
	失敗体験	11
企業戦略を学ぶ	開発過程から学ぶ	9
	市場開拓	18
	販路開拓	14
	技術開発	16
	短期的な戦術	3
	中長期的な事業戦略	15
	関係者の奮闘	20
	成功するための考え方	11
	成功の秘訣	4
企業の精神	喜び・悲しみ	14
	関係者の情熱	23
	先輩からのアドバイス	4
	経営トップの親心	5
	理念の成立過程	13
	試練で磨かれる理念	10
	理念の内容	19
先人への敬意	先人への敬意	16
	先人の事跡	16
	中興の祖の事跡	1
	歴代社長の事跡	10
	先人の苦労談	24
	創業者の事跡	23
	創業者精神	22

【図6】「社史の目的達成のために重視した内容」では、各かたまりごとに、上から順に「社会性」「組織に関して」「失敗体験」「企業戦略を学ぶ」「企業の精神」「先人への敬意」という分野に分けました。

社会性の項目にあるように、社史を作るのは自社のためだけではないという意識が必要です。「組織に関して」では、社員教育が1番で、2番目に絆や一体感に票が集まっているので、社史の位置づけがはっきりとわかります。

「失敗体験」では、それまでの経営で危機を経験したことがあり、それをいかに乗り切ったかが、今後の経営陣にとって役に立つ、という評価から採り上げているのでしょう。経営を長らえようとすれば、成功体験よりも失敗体験を教訓として、同じことを繰り返さないことが大事です。

「企業戦略を学ぶ」の項目では、関係者の奮闘や市場開拓、技術開発が選ばれています。これらがどのような経緯で今日の会社の事業に影響しているのか、多くはうまく行った成功体験であるはずで、それを共有することも大事です。製造業なら、市場開拓と製品技術の開発は、会社を伸ばす2大原動力であるはずです。

「企業の精神」については、関係者の情熱がトップに来ています。企業は「ヒト、モノ、カネ」を揃えれば経営が進展する、というわけにはいきません。そこに理念や情熱、技術力などが重なり合ってこそ、他の人、他の会社では突破できない壁を崩せるのでしょう。

「先人への敬意」について、苦労談や創業者の事績、創業者精神が選ばれているのは、一般的に「創業者は苦労している」と思われて

いるからでしょう。しかし、創業者の闘いと後継者の苦労は比較できない別質のものです。創業者は通常一人ですが、後継者は代を重ねていくので、後継者の経営体験を記録し、継承していくのも、後の経営にはたいへん大事であることを理解しておく必要があります。

(6) 目的を達成するための記事構成

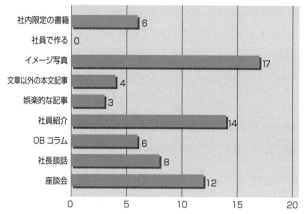

【図7】記事を構成する上での工夫

目的はいろいろと上がっていましたが、ここでそのための内容構成についてどういう工夫をしたのかを尋ねました。この項目は、ほとんどの方が社史を担当するのは初めてだったので難しいようでした。よって、会社の個性を出そうとすると、イメージ写真や社員紹介が多いのは理解できます。その会社の理念と歴史、個性をとらえて、反映させられる企画について、もっと真摯な検討が必要だったのでしょう。

4. 成功長寿企業の経営スタイル

(1) 日本は世界ダントツの長寿企業国家

当社では東京・大阪の事業所にある事業部を横断した研究・開発プロジェクトチームが、新企画や新技術の情報収集、調査・研究をするグループを作って動いています。

2008年、その一つのグループが海外で出版されている社史を調査・研究する途上で、日本には長寿企業が群生しており、世界的に見てたいへん珍しい現象である、という事実に遭遇した時、その詳しい事情をさらに知りたいと思い、調べました。なぜなら、それは私たちが行っている社史の事業や研究と密接な関係があるからです。

まずは「世界の長寿企業」を調べるためにインターネットで検索しました。すると、最初に出てきたのは韓国で報じられたニュースの日本語翻訳でした。韓国銀行が2008年に調査したレポート「日本企業の長寿要因および示唆点」[注2]によると、「世界で創業200年以上の企業は5,586社（計41ヵ国）で、このうち半分以上の3,146社が日本に集中。ドイツ837社、オランダ222社、フランス196社。日本は創業1,000年以上の企業は7社、500年以上が32社、100年以上では5万社余り」

東京商工リサーチによると、2010年に新たに創業100年を迎える企業は全国で797社になり、毎年、800社近い企業が老舗の仲間入りを果たしているとのこと。一方、韓国では、100年を超える企業は斗山（創業1896年）と東洋薬品工業（同1897年）の2社。200年を超える

079

企業はありません。また、成長著しい中国を見ると、中国国内で登記されている中小企業の数は約4,000万社に上りますが、その平均寿命は2年9ヶ月と報じられています。多くの中小企業は開業してから3年未満で消滅していることになります[注3]。

　明治以後、時代の波に翻弄されて、企業の大小にかかわらず、退場を余儀なくされる企業が多数出てきました。そういう中でも老舗企業は毎年、増加の一途をたどっています。ここには何か法則があるのではないか。なぜ、日本がそういう特別な地域なのかについて探ってみよう。ここから筆者の「長寿企業の経営スタイルと経営哲学」の研究が本格化してゆきました。

　手始めに、長寿企業がどのような経営をしているのか、なぜ老舗企業になり得たのか、そのあたりから探り始めました。先行研究の文献探索と研究例を調べ、この分野の基礎知識を蓄え、次に、先行研究者4人に話を聞きました。それらの情報と知識を踏まえた上で、日本の長寿企業を対象にアンケートと経営者のヒアリングを進めました。

　アンケート先には全国、非上場企業、経営年数100年以上、売上規模の大きい順で1,500社を抽出。ただし別企業の子会社、金融関係、保険関係、持ち株会社、学校法人・医療機関ははずしました。この結果、正社員数の最大企業は8,700名、最少企業は44名。最大売上の日本生命は削除したので不明、最少は1,079百万円(すべて連結数字)になりました。ここから返信のあった330社のデータを集計・分析して、以下のことがわかりました。

成果を生み出す社史の作り方

（2）長寿企業の平均像

- 創業は1866年：薩長同盟が結ばれ、坂本龍馬が寺田屋で襲われた年です。創業144年（2008年の時点）になります。この頃の創業者は新しい時代の到来を見越して、新規事業の開業に踏み出していったのでしょう。大政奉還が成ったのを見て、武士に見切りをつけた人たちもいたことと思います。最も経営年数の長い会社は396年でした。

- 企業規模：社員は229名、売上は13,875百万円（いずれも連結数字）

- 創業時の業種：流通・小売業が全体の38％、第2位は食品以外の製造業が23％。創業時の業種を転業した率は26％でした。

- 売上高の高い会社から降順でアンケートを送りましたので、長寿企業の平均よりは、やや企業規模は大きいと考えられます。

（3）長寿企業の運営の仕方

- 社是・社訓は78％の会社にあり、そのうち84％は破ったことがないと答えています。全体では65.5％は社訓を守って堅実に経営されています。しかし業種で見ると、流通業で28.6％と非製造業で29.5％には社訓がありません。逆に両業種を除いた他の製造業では85.4％にあり、製造業と非製造業における社訓の所有率には13％程度の開きがありました。これは会社の歴史に対する価値観に若干の違いがあり、社史に対する考え方にも、影響することが考えられます。実際に社史を作られる企業の4分の3が製造業です（2010年12月までの当社実績）。

081

● 創業時の販売商品の売上現存率では0％が31％、25％以下をたすと、65.8％になります。いまは取り扱っていないか、主力商品では無いという会社は3分の2に上り、途中で商売替えをしてきた、ということです。一方、76％以上の売上が創業時の商品という会社も18.2％あり、粘り強い商いをされているのに敬服します。

● 売上好調時の商品と品質のバランスでは、「品質重視」と「やや品質重視」が合計で50.5％、「売上増大重視」と「やや売上増大重視」を足すと16.5％と、圧倒的に品質重視となりました。このあたりはさすが長寿企業です。ただし、「どちらでもない」が33％あり、いざという時にこの経営者がどちらに傾くかは、全体の比率を左右します。仮に、半分が品質、半分が売上を選んでも、品質重視は65.5％になり、3分の2は品質重視に傾くので、長寿企業の真骨頂と言えるでしょう。

● 社員持株会のある会社は全体の35.1％で、無い会社の202人よりも連結正社員数で1.39倍の280人となっており、企業規模が大きい。持ち株会への社員の加入率は34.2％。東京都の企業における管理職比率は23.8％なので管理職＋10％程度の社員が持株会に入っていると予想されます。

(4)長寿企業の社風

　長寿企業アンケートで、会社における重要な仕事を19項目列記して、各々に1〜5で重要度をつけてもらいました。その後、それぞれを経営の構成要素「ヒト、モノ、カネ、技術、情報、経営哲学」に分

けて、得票数の平均点を出すと、以下のようになりました。これにより、長寿企業の経営者が経営の構成要素の中で何に重要度をおいているのかがわかります。

第1位：4.1　技　　術

第2位：4.0　ヒ　　ト

第3位：3.9　カ　　ネ

　　　　3.9　経営哲学

第5位：3.8　モ　　ノ

第6位：3.3　情　　報

　技術がわずかの差で第1位になりました。技術はアンケートの第7.7問「後継者として、先代から受け継ぐ重要なこと」でも経営の6要素のうちの第2位に入っており、本調査では経営の構成要素の中で高い位置を占めていることがわかりました。これは本調査での大きな気づきでした。いままで「ヒト、モノ、カネ」と言われてきた時代から、新しい経営の構成要素が認識されている時代が始まっています。

　また、技術が重要視されている背景には何があるでしょうか。それだけマーケットや企業間での優勝劣敗や下克上が激しくなり、かつてのように取引実績や人間関係、ブランドだけで注文や受注をとることが厳しくなっていることを反映していると考えられます。

(5)「会社の寿命30年」説

　さて、中高年の読者でしたら、記憶のある方も多いと思います。1984年に日経ビジネスと日本経済新聞が「会社の寿命30年」説というのを発表し、ずいぶんと話題を呼びました。これは歴代日本企業の100位を出すために、1896（明治29）年から1982（昭和57）年の86年間を10期に分けて売上トップ100位（1896年と1991年はデータがないため総資産額を使用）のランキングを作成して、そこに登場した企業の盛衰を調査したものです。10期のランキング100位に登場した合計413社のうち、1期だけランク入りした企業は194社になりました。2期のみが73社、3期のみが54社、4期が29社、5期は23社、6期は16社、7期は12社、8期は7社、9期は2社でした。全体の78％の企業が3期以内でその名を消していました。

　もし、「有力企業」の顔ぶれが、概ね固定されているものとすれば、10期間のランキングに登場した企業の合計数も、100社を大幅に上回ることはないはずです。ところが、実際に、この上位100社ランキングに登場したのは合計413社。これをもとに計算すれば、413社の企業が平均して2.5回、100社ランキングに名を連ねたことになるので、企業が繁栄を極め、優良企業グループ入りできる期間は平均2.5回、つまり1期間10年なので30年足らずということでした。

　この日経ビジネスの調査は「会社の寿命30年説」と言われていますが、実際には寿命ではありません。あくまでも企業が繁栄するピークの期間を指しています。そして、この「企業30年説」をとらえて、30年説に陥らないための方策を考えた研究者がいました。『「企業

30年説」を打ち破る』の著者・山崎修一氏㈱日経システムズ代表取締役）
です。

　その内容について、ここで紹介するのは本論からずれてしまいますので、いたしませんが、山崎氏はこの著書の中で、「企業30年は経営者の30年でもある」と喝破しました。つまり、企業の旬が30年であるとともに、経営者の旬も30年であるということです。

　たとえば、35歳で独立したら65歳で30年です。気力、体力はピークを過ぎています。社史を作るのは周年の時が多く、最初の社史が最も多いのは30年史です。これは代表者の年齢とも関係していると思います。企業30年説は多くの企業にやってくる節目のようです。これを乗り越え、新しい時代を作るための社史の果たす役割について語ってみます。

　ここで今回調査したアンケートに戻ります。これは代々にわたって、経営が上手く継承できた理由を聞いたものです。

　第1位は「同族であったから」、39.9％とダントツですが、努力できることではないので置いておき、次の「継承する者同士の意思疎通を大事にしたから」17.4％と「早いうちに後継者を決めたから」14.5％という理由に注目したいと思います。

　長寿企業の平均の経営年数は前述のように144年でした。そして継承代数は4代が最も多かったので、一代あたりの平均は36年になります。その36年を社長として終える人と、社長と会長の2つの肩書きで過ごす人もいるでしょう。いずれにしても、36年の間に、早いうちに後継者を決めて、その人に時間をかけて意思疎通を行い、

経営を継承してこられたようです。

この経営の継承こそ、次の新しい時代の幕開けであり、企業にとっては、経営者が変わることで次の新しいピークを迎えられるチャンスでもあります。経営の継承が上手くいくかどうかは、まさしく経営の浮沈を決める最大のイベントです。これをうまく進めるために、社史にできることはたくさんあります。

経営を継承する者同士が、口頭で、あるいは一緒に仕事をしながら継承していくというのは大事なことです。同時に、先代経営者が行ってきた数十年の経営を俯瞰して、経営の6つの要素である「ヒト、モノ、カネ、技術、情報、経営哲学」について、どのように取り扱い、改善し、成果へとつなげてきたのか。我が社の強みは何か、弱みは何かを客観的にとらえて、知恵として次代に活かすことができれば、企業は生まれ変われます。

しかし、企業の経営の足跡を客観的に把握しようとすると、継承する側とされる側の当事者や会社の関係者だけでは無理があります。そこに社史を作成するプロの役割があります。その具体的な方法については後述します。

(6)100年超企業の優秀な経営

先の「企業30年説」は、その後、日経ビジネスと日本経済新聞社が何度か繰り返し調査し、そのたびに、30年説の確実性が強化されているようです。最近では第1回目の調査から20年後の2004年に行われています。その内容を引用し、100年超の企業の経営がどの

ように評価されているのかを見ていきましょう。

　2004年は日経優良企業ランキングを使って、企業の設立年月日から、2004年3月末時点での企業の年齢をはじき出し、それをもとに11のグループに分け、最年少で10年以下、最長老で100年以上にわけて検証しました。標本企業全体の平均年数は53.9年。最も多いグループは50年代の697社で全体の3割を占めました。

【図8】年代別の企業採点表 [注4]

社齢別社数	設立来の年数	CASMA総合得点	部門別トップ3 収益性	安全性	成長力	規模
24社	0~10年	599ポイント	1位		1位	
86社	10代	577ポイント	2位	2位	2位	
155社	20代	541ポイント	3位	1位	3位	
245社	30代	519ポイント				
308社	40代	513ポイント		3位		
697社	50代	484ポイント				
346社	60代	476ポイント				
154社	70代	500ポイント				
174社	80代	487ポイント				3位
50社	90代	491ポイント				2位
39社	100年以上	511ポイント				1位

11のグループごとに、日経優良企業ランキングのデータと、規模、収益性、安全性、成長力の得点を平均しました。総合評点が最も高いのは10年以下、次に10代、20代と若い順に高得点が続きました。若い企業は、特に高い収益力と成長力が得点を稼いでいました。順位としては、30代、40代と続いていき、次に跳んで100年超企業が入りました。図を見ると、30代と40代と、100年超企業の差はわずかですから、100年超企業の経営の素晴らしさがあらためて認識されました。まさしく、長い間、日本の産業界を牽引している長寿企業は、若い企業の生みの親であり、日本の底力であると言えましょう。

5. 長寿企業の経営のこだわりを社史に活かす

筆者は経営年数100年を超えても、収益性のある経営を続けている企業を「成功長寿企業」と呼んでおり、社史を作られる企業に、"成功長寿企業になるための社史作り"を勧めています。

具体的には「成功長寿企業」の特性や経営スタイルと経営哲学を収集して分析し、そのデータを「成功長寿企業」になろうとしている企業に提供しています。また、社史を作ろうとしている企業をアンケートと経営者・幹部社員のヒアリングで調査し、その会社の長所と短所を把握して、どの部分を強くすれば「成功長寿企業」に近づけるかを、経営者や幹部の人たちに提案をして、経営改善のお役に立てる社史企画を勧めています。それによって企業の将来に役に立つ社史を作ることを目指しています。

ここでは、それらの成功長寿企業に近づくための社史作りとは、どういう企画や作り方が考えられるのかについて語ります。

(1) 経営数値へのこだわりと社史の関係

　長寿企業にアンケートで経営数値へのこだわりを聞くと、PLでは経常利益と営業利益にこだわり、売上高は第3位でした。BSでは自己資本比率がダントツの1位で、標本数の54.5％と過半数に至りました。2位の流動資産は自己資本比率に対して4分の1に過ぎません。PLとBSを通してみると、BSの自己資本比率が他を圧倒しています。

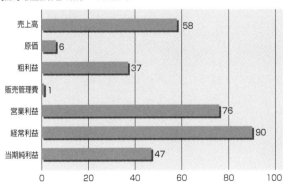

【図9】損益計算書の数字へのこだわり

　1位と2位に利益がきており、売上よりも利益のほうが大事と考えているところは、成長よりも経営の継続を大事に考える傾向が強いと言えます。

【図10】貸借対照表の数字へのこだわり

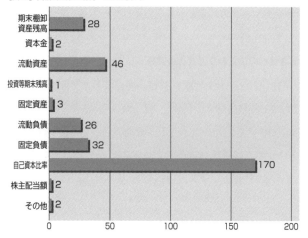

　高い自己資本比率は、決算後に税金を払った残りが蓄積されることで高くなっていきます。自己資本比率がダントツで1位にきているところは、経営の安全性、安定性を何よりも一番に考えているということです。次に、流動資産ですから、現金、および1年以内に現金化できる資産がいくらあるか、ということに関心があり、これらの重要度を見ると、長寿企業はPLよりもBSで経営している様子がわかります。

　PLは当年1年の経営結果です。BSは過去から現在に至る経営成果ですから、長年にわたって経営をしてきた長寿企業としては、当然そちらの方に関心があるでしょう。また、当年だけの経営を見れば、同業他社にもっと良い数字を出している企業があるかもしれませんが、BSは一朝一夕に良くなりませんから、長寿企業としてはBS

で勝負すると考えて当然でしょう。しかも自己資本比率を最重要視している経営スタイルは、長寿企業の大きな特徴で、「守りの経営」の哲学があると言っても過言ではないでしょう。長寿企業になるには、この経営の仕方をしっかりと社史の中で記述し、幹部社員に理解してもらう必要があると思います。

　ここでそれぞれの会社が自社の「守りの哲学」「守りの経営手法」を確認し、さらに向上させていく必要があります。社史を出そうとしている企業には、必ず備わっているもので、それを社史発刊に合わせて抽出し、再確認していただきたいと思います。

(2)「家族主義」「実力主義」と社史の関係

　次に、社員との精神的なつながりについて「家族主義」か「実力主義」かを聞きました。家族主義とやや家族主義の合計は19.9％、実力主義とやや実力主義は44.5％です。長寿企業と言えども目指すは実力主義の会社のようです。ただし、これは役員と同族についてではなく、社員との関係のことです。なぜならば、他のアンケート項目の分析によると、過去も現在も、これからの後継者には同族者を求めているのが、長寿企業の多数を占めているからで、同族者や役員については「実力主義」を標榜しているとは言いにくい結果が出ています。また、経営権を同族で占めていることを「家族主義」経営と考えられている節があります。

　長寿企業調査で、なぜ「家族主義、実力主義」を採り上げたのかと言うと、これも社史に大きく影響してくるからです。企業には外に

向かって拡大していこうとする遠心力と、中心に向かって組織の結束を高めようとする求心力の2つの力が働いています。あまりに遠心力が強いと組織は相互関係が薄く、バラバラになって、やがて空中分解します。逆に、あまりに求心力が強いと、内向き指向で、外に目を向けようとせず、現状を守ることに汲々として組織に柔軟性が無く、拡大できません。経営はいずれ縮小均衡に陥る可能性があります。

　遠心力と求心力が適度にバランスをとっているのが良いと考えられますが、組織の属性によって、それも変わってきます。たとえば、家庭は若干、求心力が強い方が安全で、かつ安定します。業界組合のような組織は、業界をまとめていく組織ですから、求心力が若干、強いぐらいがいいでしょう。財団法人や社団法人などは遠心力と求心力のバランスがとれているぐらいがいいと考えられます。

　では、一般企業はどうでしょうか。企業には常に下押し圧力が加わっているので、売上、利益や規模を成長させるための遠心力が必要です。成長してこそいろいろな矛盾も解決していけますし、新しい商品、製品、技術の開発が可能になり、新しいマーケットの開発もできます。企業は遠心力が強くないと、発展性が損なわれ、維持することも難しくなります。しかし、強すぎないことが肝心です。企業の場合は、遠心力が5度、求心力が3度であれば、2度だけ遠心力が強く、外に拡大していこうという力が働きます。だからと言って、遠心力を2度にして、求心力を0にするとやはり組織は安定しません。両方の力がかかって、相殺された残りが作用するということが必要

です。

　地球は太陽のまわりを公転しながら遠心力と求心力の両方の力で規則正しく回っています。そして、地球自身も自転しながら遠心力を生みだし、求心力も発揮するという両方の力がかかっているからこそ、安定しています。もしも地球の自転の軸が定まらず、いろんな角度で回転していれば、私たち人類は誕生していないと言われています。地球も、会社も、回転する軸を安定させることと、遠心力と求心力の両方が適度にかかることが必要でありましょう。

　社史は、本来、求心力を強めるための媒体です。会社と社員、取引先との関係を密にするための道具です。オーソドックスな社史を企画するなら、社史の発刊は求心力の一つとして機能します。ところが、会社またはその時の経営者が、社史に何を求めるかによって、社史の企画を変えなければなりません。従来どおりの求心力を求めるのか、両方がバランスのとれた内容にするのか、または遠心力を付けられる社史を希望するのか。社史は最初のコンサルティングの時に、いろいろな情報を集め、希望を伺って、そこから企画を立てることができるので、従来の社史ではない遠心力を付けるための社史を企画することが可能です。

【図11】家族主義、実力主義の選択

　そこで会社の社風の大事な要素である「家族主義・実力主義」と

いう考え方が関係してきます。家族主義は求心力で、実力主義は遠心力です。【図11】のアンケートでは、家族主義と実力主義の間に「やや」と「どちらでもない」を入れて5択にしています。明らかに家族主義を選んだ企業が少なくなっています。ところが、【図12】の経営成果を見てみると、驚きの内容でした。

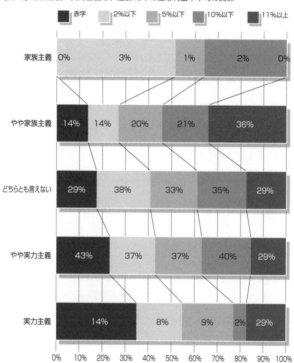

【図12】家族主義・実力主義と、過去10年の経常利益率平均の関係

「赤字」と「2％以下」の経営成果は低い部類とし、「5％以下」「10％以下」「11％以上」は最低でも3％以上の経常利益を上げていますから、高い部類と言えます。これによると、5％以下も10％以下も「やや家族主義」が最も高いのがわかります。また、やや家族主義とやや実力主義の2つを比較してみても、家族主義と実力主義の2つを比べてみても、家族主義のほうが経営成果が良いことがわかります。過去10年間の経常利益率平均だけでなく、同業他社との比較を聞いた調査においても、同様の結果が出ています。これはいったい何を表しているのでしょうか。

家族主義、実力主義というのは、社員と会社の関係性を表しています。実力主義の会社では実力がないと評価された社員はどんどん替えていくことになります。家族主義では社員が自発的に辞めるまでは、辞めさせない会社が多いでしょう。社員と会社の関係は家族主義のほうが安定しており、実力主義は不安定だと言えます。しかも、左右両極の家族主義、実力主義ではなく、「やや家族主義」が最も経営の成果がよく、安定していることがわかります。これと社史の関係をどのように有機的につなげるのかを、考えておく必要があるわけです。

一般的には、実力主義は遠心力、家族主義は求心力と考えられていますが、この結果からすると、家族主義の方に近づいていくことで、売上、利益が増加するとなると、遠心力と求心力の見方が逆転します。

また、「家族主義」の会社にさらに求心力を付ける社史と、「実力主義」の会社にさらに遠心力を付ける社史とは企画が根本から変

わってきます。

　たとえば、今回のアンケートで「長く経営が出来てきた理由」を尋ねると、「良い顧客に恵まれたから」がダントツの1位でした。逆に、「経営のリスクは何ですか？」と尋ねると、「顧客企業の経営悪化」という答えが最も多くありました。ここから長寿企業は〝生きるも死ぬも顧客次第〟という厳しい状況を生き抜いてきたことがわかります。

　そういうところに、遠心力のつく社史を企画しようとすると、顧客との関係をより緊密にできるような、顧客を多く登場させるような企画。または、顧客が進んで読んでくれそうな企画、顧客にも参考になるような内容を盛り込むことが、遠心力を付ける社史になると考えられます。【図11】のように、45％の企業がやや実力主義以上を選択していますが、この【図12】を見ると、これからの主義に変化が出てくるかもしれません。

　今まで「やや実力主義」「実力主義」できた会社に、求心力を付けるような企画をするとしたら、会社の原点や創業者精神、代表者や社員のことを多く採り上げる企画をすることで、社員と会社の間に求心力を働かせることができます。社史と「家族主義」「実力主義」にはこのような関係があるわけです。

(3)社員教育と社史の関係

　次に、【図13】を見てみましょう。長寿企業が社員教育で最も力を入れているのは「会社の理念」の浸透であることがわかります。次に、

【図13】社員の教育・研修で重要なこと第一位

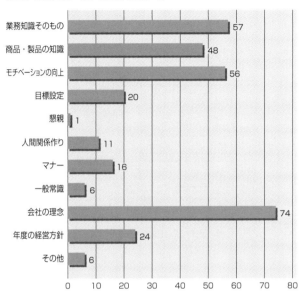

業務知識の向上とモチベーションの向上ですから、これらの点は社史を企画する際に、十分に考慮しておきたいポイントです。

【図14】の当社で社史を作っていただいた企業にお尋ねした社員教育のアンケートでは、「業務スキルの向上」そのものが最多でした。当社で社史を作られた企業の平均の経営年数は約50年です。ここに平均144年の長寿企業と約50年の企業の考え方の違いが明確に出ています。社歴の長い企業ほど、社員教育の基礎となる理念や哲学に力を入れています。長い年月の間に、その重要性を理解してきたのでしょう。また、理念の教育には時間がかかるので、経営の時

【図14】社史を作った会社の社員教育の重点

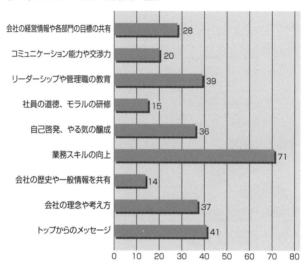

間感覚が長い企業のほうが採り入れやすい、ということもあるでしょう。経営年数の短い会社は、どうしても成果の上がりやすい「業務スキルの向上」に力を入れようとします。この点は考慮に加えておく必要がありそうです。

(4)「成功事例」「失敗事例」の共有と社史の関係

次に、成功事例と失敗事例の共有についてのアンケートです。まずは成功事例ですが、【図15】を見ると、「共有してきた」と「やや共有してきた」の合計が65.4％、「してこなかった」と「あまりしてこなかった」の合計は8％で、歴然とした違いがありました。

成果を生み出す社史の作り方

【図15】成功事例の共有比率

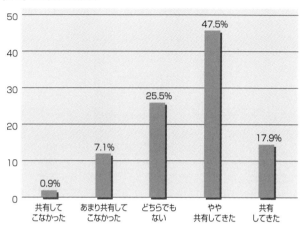

　逆に、【図16】の失敗事例ですが、「共有してきた」と「やや共有してきた」の合計は60.2％で、「してこなかった」と「あまりしてこなかった」は13.9％でした。成功事例に比べると、共有してきた割合は5％下がりましたが、大きな差ではありません。

　長寿企業の平均像をみると、経営陣の半分以上は同族で、それまでの代表者の80％は同族で占めてきました。また、株式の4分の3以上を同族でもっています。ということは、主要なポストや主要な業務は同族が行っている可能性が高いでしょう。すると失敗のリスクのあるような業務は、同族が行うのならいいのですが、社員が行って失敗した場合、引責辞任ということも起こってきます。そういうことから、失敗事例は同族者が起こしているものもあります。成功事例は共有しやすいですが、失敗事例の共有化はしにくいものです。

099

【図16】失敗事例の共有比率

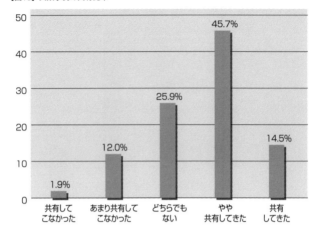

やり方を間違うと、担当者本人が居たたまれなくなるからです。

　その点はさすがに長寿企業です。成功事例も失敗事例も高い比率で共有化されていますので、長寿企業の一つの経営手法であると言っていいでしょう。長寿企業はこのようにして、成功事例を共有化して社員を励まし、失敗事例を共有化して、同じ失敗を繰り返さないように社員を戒めています。この潔い態度に学びたいと思うと同時に、これら「成功事例」と「失敗事例」こそ社史の中で文章化され、歴史の教訓として次代に引き継ぎたい内容です。

　社史を作るたびに、犯してはならないことを確認し、会社が今日まで長らえてきた長所、強み、特徴を見直して、それをさらに強化していく。時代に合わせて会社は変化していきますが、その延長線上にこそ、新しい会社の未来が開けてきます。

この長寿企業の調査では、アンケートだけでなく、その中から選んだ経営者にも2時間程度の取材をさせていただいています。最も経営年数の長い創業396年の会社の19代目の社長は、この成功事例と失敗事例の共有化についてはきっぱり「100％共有化しています」と言われました。さすがに最長寿だけあって、本当に素晴らしい経営であり、経営者であると思いました。

6. 社史を作るための8つの目的は変化している

単行本『経営を活性化させる社史の作り方』を執筆・出版したのが2000年4月でした。その翌年には9.11同時多発テロが発生、世界の政治と経済の基軸に変化が起こりました。日本はその後の10年間、国内総生産の伸び率を合計すると5.2％。年間平均で0.52％しかありません。2000年と2009年のGDPを比較すると、5,027,831億円と4,742,180億円と5.7％縮んでいます。日本経済は失われた20年の半分を2000年以降に経験しているのです。

企業もこの時代の変化に呼応して、社員と会社の関係を変えてきました。社史も、このような時代背景のもとで変質せざるをえなくなりました。かつては「昼寝の枕」と揶揄された大部な社史は珍しくなりました。作るからには役に立つ社史を作りたい、という経営陣の要望がでてきて、社史を作る意義が変質してきています。

『経営を活性化させる社史の作り方』では、8つの目的を提示して、説明しました。いま、あらためてこれらを下敷きにして目的を説明

することで、社史を取り巻く環境の変化を具体的に述べてみます。

　この中には現在まで継続している目的もありますが、変わってきているものもあります。何がどのように変化してきているのかを一つずつみていきましょう。

(1)経営資料と情報を整理・継承するため

　これはかつての社史の代表的な目的でした。よって、社史は頁数の多い大部なものになりました。しかし、いまはアーカイブの必要性が叫ばれるようになってきました。当社でも、従来は社史を製作した会社に対して、資料の整理をお勧めしておりましたが、いまはアーカイブの専任担当者（アーキビスト）がいて、社史とは別の単独事業として動いております。発注いただく組織も、民間企業だけでなく、大学や官庁関係からも受注して、その件数も内容も年々、レベルが上がっています。

　2011年4月から公文書管理法が施行されたので、さらに官庁から地方自治体、そして大企業へとアーカイブの必要性が高まってきています。「経営資料と情報を整理・継承するため」という目的は、すでに対応方法が変わってきています。

(2)会社の足跡に学び、今後の経営に役立てるため

　会社の足跡に学ぶことは、社史というメディアが生まれた時から変わりませんが、今はさらに「誰が何を学ぶのか」ということを明確にする必要があります。皆が同様に学べる社史になると、どうして

も一般社員のレベルで社史を作ることになり、そこから「社史は社員のために作る」という話になってしまうのです。よって管理職や経営陣にとっては、学びのレベルが深いものにはならないでしょう。

また、一般社員が家にもって帰れる社史ですと、情報漏洩ということも考え合わせると、本当に大事な情報やエピソード、経営陣が学べるような企画を掲載するのは難しいと言わざるをえません。「誰が、何を学ぶのか」。その内容によって、使い分けられる社史が、いま求められています。

(3)会社のアイデンティティを確認するため

これは時間が経過しても、社史には変わらず求められる機能です。以前はコーポレート・アイデンティティと銘打って、会社の社名からロゴや色までを一新するブームがありました。

そのような見た目のアイデンティティではなく、実質的に「我が社とは何か」ということの答えが求められる時代になりました。それに最も的確に答えられる媒体は「社史」を置いて他にはありません。これには懸命に答えを出す必要があります。

しかも見た目ではなくて、言葉にし、概念化して、社員一人ひとりが認識し、組織としてそれを表現していけるようにする必要があるでしょう。見た目のアイデンティティの時代は終わり、実質的な中身で語るアイデンティティの時代になりました。

(4)社員に周年などの節目を意識してもらうため

　この20年間に、企業における正社員の離職率が上がり、非正規雇用の割合も増えました。その変化は当然、社内の研修にも大きな影響を与えています。いわゆる一般社員を含めた底上げ的な集合教育から、成長を期待できる人材を選んで、外部で研修を受けさせる、選抜教育に変わってきています。社史の制作にも影響が出てくることは必至です。

(5)社員とその家族に会社への理解を深めてもらうため

　長寿企業のように、社員と長年穏やかな関係続けてきた会社でも、「実力主義」「やや実力主義」を標榜する会社が45%を超えているので、経営年数の短い企業ですとなおさら「実力主義」の会社が多くなるでしょう。

　かつて「亭主は元気で留守がいい」という言葉が流行りました。これは夫が外で働き、妻は家にいて子育てと家事に専念するということです。この時代は夫と妻がシングルポケットでしたから、夫の会社に対する家族の求心力も強かったのでしょう。しかし、こういう時代は終わりました。高い役職者でなければ、夫婦共働きでないと生活が厳しい現実があります。そういう時代だからこそ、家族にも読んでもらえる社史を作るのも一方向です。逆に、家族のことまで考慮しない、という考え方もあります。ちなみに、長寿企業で最も経営成果が高いのは「やや家族主義」ですから、それを考えると家族も視野に入って良さそうです。

(6)業界の内外へ感謝の気持ちを伝えるため

　これには社史が格好の媒体でした。社史の巻頭に取引先の代表者の祝辞やメッセージをいただき、写真付きで掲載する社史がほとんどでした。それは取引先の写真や原稿を掲載することで、その会社の恩恵にあずかってきたということへの感謝の表明になっていたのです。ところが、近年の社史ではこのような取引先からの祝賀メッセージがわずかしか見られなくなりました。そもそもそういうページを入れよう、という動きがなくなってきました。

　それにはいろいろな原因があるようです。取引先が吸収や合併で変わってしまったり、従来のような大口取引先が無くなったとか、取引実績や人間関係でビジネスができる時代ではなくなったことが要因です。また、社史の中で採り上げても、その取引がいつまで続くのか、という不安もあると考えられます。

　しかし、企業の業績を伸ばすためには、遠心力を強くしていく必要があり、それには販売先や仕入れ先のより強い協力が必要です。社史できっちり取引先の方々を採り上げて、いままでの感謝とこれからの関係緊密化を図っていただきたいところです。

(7)会社のイメージ作りのため

　かつては社史を出版した会社は地に足のついた、しっかりした会社、というイメージがありました。経営年数が長いことや、歴史を大切にしているといういいイメージがあったからです。特にリクルート活動で、応募してきた学生たちに社史を渡し、学生がそれを家に

持ち帰って両親に見せると、親御さんの評判がいい、という声を聞きました。

　ところが、カネボウや雪印のような一流と言われた企業でも、大きな不祥事を起こして、会社が解体される事態に追い込まれました。パナソニックでも社員の早期退職制度を導入する時代になりました。経営年数が長い、企業規模が大きい、会社のイメージがいい、という理由が会社の安定と安全を保証するとは言えなくなったのです。

　社史を出したという事実が、会社のイメージになるのではなく、社史でどういう内容を社員や取引先に語ったのかが、重要になったと考える必要があるでしょう。

(8)業界、社会への貢献策の一つとして

　これは現在も社史を出す目的の一つとしてあげられます。社史を出版することは自社のためだけでなく、業界に資料を提供することも大事な役割です。ただ、世の中は大競争の時代。社内の重要情報や書類を社史に掲載するわけにはいかない、という本音もあります。よって、社内向けの社史と社外向けの社史を分けるため、一部の原稿を差し替えたり、抜くことで、どちらのニーズにも応えられる社史を作ることができます。

106

7. 経営の改善に役立つ社史の考え方

(1)社史は企業に健全な経営を求める

前述のように、社史を取りまく環境は変化してきています。従来の8つの目的で十分にその意義を感じてくださる企業もありますが、もっと具体的に発行することのメリットを求める企業も多くなっています。

実際のところ、社史という媒体が今の時代に合わなくなり、その存在意義が希薄になってきたのなら、徐々に無くなっていく運命に逆らうことはできないでしょう。

しかし、社史の役割は果たして小さくなっているでしょうか。筆者は逆に企業社会における社史の意義と価値は上がっていると思っています。この20年間、企業不祥事が相次ぐ時代にあって、社史には企業を歴史に対して誠実に対峙させるという役割があります。また社史を通じて、社員や顧客のみならず、社会に対しても自社の存在意義や自社商品やサービスの普遍的価値をアピールするという役割もあります。

「いつかは自伝を出版したい」と考えている人は、人様に恥ずかしくない人生を歩もうとします。企業も同じで、10年ごとに社史を発刊する、ということを決めたなら、その間、社会に後ろ指を指されるようなことはできないはずです。これは社史を出すことを決めた大きな効果の一つです。

（2）大事なのは社長が学べる社史を作ること

　社史は社員のために作る、と考えている経営者が多くおられます。いままで当社で社史を作らせていただいた会社の大半はそのように考えておられました。

　しかし、なかには社長が社史に積極的に関わり、多くの学びを得た方もおられます。そういう場合には、社史が完成した後の「依頼主様満足度アンケート」には、社長自らが答えていただけます。しかし、多くの場合、社長は社史は社員教育のために作ったと思っておられます。本当にそれでいいのでしょうか。

　筆者はこれまで、社史を企画する際の対象企業の見方と、自社の経営推移を見る時の経営分析の視点に、「ヒト、モノ、カネ、技術、情報、経営哲学」という6つを用いてきました。これら一つずつの構成要素が相互に影響しあって、今日の経営が成果として表れています。今日の経営成果の要因を真摯に探るならば、創業時点と過去10年の経営の中にその要因があるはずです。社史を制作する途上で、その時代を俯瞰し、客観的に自分の経営を眺めると、何が見えてくるのか。なぜ、今日、このような経営になっているかを社員とともに考え、これからのことを一緒に夢見ることは社史を作る時の大きな仕事です。

　企業経営は経営者の考え方と人柄に大きな影響を受けます。社長の「私は寝てないんだよ」という言葉が、雪印乳業の行く末を左右したのはご存じのとおりです。社長は会社から常に、全身全霊をかけることを求められています。よって、会社で最も勉強しなけれ

ばならないのは社長です。大事なのは、社長自身が学べる社史を作ることです。それは社史を自分で担当するということではありません。「こういう内容を入れてほしい、こういう分析を載せてほしい、こういう切り口がほしい」という自分が読みたい社史の企画のリクエストを出せばいいのです。社長が学べる社史は役員も管理職も学べる社史になります。しかし、その逆は必ずしもなりえません。

　社長にはいろいろな勉強の機会が内外から提供されていますので、熱心に勉強している方も多くおられます。しかし、社史のように自社の歴史を俯瞰し、経営を客観視できる勉強の機会は、そう多くないはずです。

　良くも悪くも、現在の経営がそのようになっている原因を探ろうとすれば、少なくとも10年の歴史を溯らないとわかりません。良いことは、なぜこういう経営ができるようになったのか。悪いところはなぜ、こういう経営になってしまったのか。または、なぜ、こうなれなかったのか。その原因を探っていくのは、今後の経営を考え、計画を作る上で、たいへん重要なことです。

　いずれにしても、現在、社史を出版できる経営をしておられるわけですから、良いことと悪いことの割合で言うと、良いことのほうが多かったはずです。それが悪いことしか目につかないとしたら、知らない歴史があり、現在こうなっている良い要因が見えていない、ということです。また逆もあります。これをぜひ、積極的に勉強して、次の時代に活かしていただきたいと思います。

　これまでの社史は、会社の出来事やエポックを綴ることが主で、

深いところまで突っ込んではいなかったかもしれません。それは企画の内容を社員や外部の業者に任せていたからではないでしょうか。もっと社長自身が勉強できるような内容を要求すればいいと思います。それには以下のような社史が考えられます。

(3)構造化社史をつくろう

当社では、このように目的のはっきりした社史を「構造化社史」と呼んでいます。構造化社史とは「社史の目的が明確になっており、そのためのアンケート、ヒアリング、分析、情報整理、コンテンツの表現と体裁、そして活用の仕方が、最初から設計されている社史」のことを言います。

まず、メインになる読者と目的を設定します。その読者に対して、社史を通じて何を学んでほしいか、何を提供したいのか、それを設定します。その目的に添って、

①社内外の資料収集

②社内外のアンケート

③社内外のヒアリング

④分析方法

⑤情報整理

⑥編集方法と体裁

⑦完成後の活用方法

を設定します。

次は、それに応じて、下記のような調査を行います。これを行う

ことで、いままで表面化していなかった定性部分（数字にできない質的な特徴）、定量部分（数字で表せる量的な特徴）を経営の表舞台に引っ張り上げることができます。

（4）社史を作る前の調査

1）社史に関する調査 　①アンケート 　A:トップアンケート

　　　　　　　　　　　　　　　　　　B:役員・管理職アンケート

　　　　　　　　　　　　　　　　　　C:社員アンケート

　　　　　　　　　②ヒアリング 　A:トップヒアリング

　　　　　　　　　　　　　　　　　　B:社史関係者ヒアリング

2）経営に関する調査 　①アンケート 　A:トップアンケート

　　　　　　　　　　　　　　　　　　B:役員・管理職アンケート

　　　　　　　　　　　　　　　　　　C:社員アンケート

　　　　　　　　　②ヒアリング 　A:トップヒアリング

　　　　　　　　　　　　　　　　　　B:主要部門の部門長ヒアリング

　　　　　　　　　③30年連続経営分析ソフト「ヒストリアン」

　　　　　　　　　　（当社オリジナルのソフトウエア）

3）企業文化に関するアンケート調査（当社オリジナルの企業文化調査システム）

（5）企画立案のしかた

　上記の調査に基づいて、次ページの基本形の企画とオリジナル企画例を参考にして、どのような企画を加えるのかを検討します。下記の基本形の企画には、オリジナル性はありません。これに貴社

独自の企画を加えて、全体構成を作ります。

＊基本形の企画

【前付け】

●口絵

●代表者挨拶

●主要取引先の代表者挨拶

【本文】

●役員・社員アンケートをまとめた『我が社の経営』

●時代区分ごとの年表

●写真＋その時代のエピソードを語るインタビュー（現役社員やOBなど）

　（歴史を文章で書く本文は、お好みで入れてください）

【資料編】

●会社概要

●各部署ごとの社員の写真

●経営数値の推移グラフ

●奥付

　企画の一例を出します。読者対象が1番目の読者は後継者（または

後継者グループ）で、2番目に後継者以外の社員に役に立つ社史としま

す。目的は、後継者には会社の後継をスムーズにするための情報提

供、社員には会社のことをもっと知ってもらい、会社との親近感を

高めるとします。

　すると後継者と社員で企画内容が重なる部分と、異なる部分があ

ります。後継者には、経営をしっかり学んでもらうための企画内容が必要です。しかし、そのすべてを社員に読ませるのは、差し支える場合がありますので、内容を分けて作成します。

【後継者向けのオリジナル企画例A】

　これらは後継者(後継者グループ)だけが読めるように制作します。

● 過去の経営数値の推移と分析

● 過去の失敗事例

● 過去10年間の事故、クレーム、社内不祥事等(経営に何も影響の無かったものは採り上げなくてよい)

● 現社長、前社長のインタビュー「この10年をどのように見ているのか」

● 外部識者の我が社の10年についてのコメント(税理士や弁護士、コンサルタント)

● 顧客の我が社に対する見方(アンケート集計や取材)

● 仕入れ先の我が社に対する見方(無記名アンケート)

● 社員はこの10年をどのように見ているのか(無記名アンケート)

【社員向けのオリジナル企画例B】

　社員には、広く、浅く会社のことを知ってもらうことと、社員同士の親睦に役立つ方法を提供することです。

● 過去の経営数値の推移(売上と経常利益程度・分析はなし)

● 過去の主な歴史の流れ

113

- 良かった出来事（成功事例）の詳しい内容についてキーパーソンの談話
- 社長の言葉集
- 社内用語集（社内隠語等も含む）
- 社員アンケート（私の仕事術や会社への期待など）

　上記のように作り分けたコンテンツA・Bを、バインダーで役員向けと管理職向けと社員向けの3種類に分けて配布します。たとえば、管理職以上にはAとBの合作を、一般社員にはBだけを配布するという方法です。

　わかりやすいのは、バインダーで分けることですが、オンデマンド印刷で、印刷を仕分ける方法もありますが、コストは若干高くなります。

　また、これをWEBやDVDの形にして、コンテンツを読める人を限定する方法もあります。WEBですと、社内LANにすべての社史をアップしておき、社員にパスワードを配布して、そのパスワードの種類ごとに読める範囲を限定するという方法です。これですと、外部、一般社員、管理職、役員、代表者というように、さらに細かく読者を分けることもできます。また、携帯電話で読むことも可能です。

　このような仕組みで作成すれば、経営者も後継者も、社員や取引先に遠慮することなく、重要な内容を社史に取り込むことができます。これまでは、それが憚られたので、あまり深く会社の歴史に突っ込むことはできませんでした。しかし、バインダーやオンデマンド

印刷、デジタルを使うと、容易にできます。大事なのは、勉強できる社史、本当に成果を生み出す社史を作ろうとする姿勢です。

　以下には、構造化社史の企画例を上げます。この中から必要な企画を分冊にすることもできます。このように目的を明確化し、その目的に特化した社史が求められる時代になったことを、ご理解いただきたいと思います。

- ●社長が歴史に学べる社史
- ●社長に求心力を付ける社史
- ●経営陣が学べる社史
- ●後継者が歴史に学べる社史
- ●後継者に求心力を付ける社史
- ●会社の営業力を高める社史
- ●社員をやる気にさせる社史
- ●取引先に喜ばれる社史
- ●取引先に、当社をよく知ってもらう社史
- ●業界、他社に評価が高い社史
- ●社員への教育効果が高い社史
- ●社員のロイヤリティを高める社史
- ●社員の家族に読んでもらえる社史
- ●読者が面白く読める社史（あまり勉強にならない可能性があります）
- ●担当者の手間がかからない社史
- ●できるだけ社内で作る社史

●資料性の高い社史

●デジタル技術を採り入れた社史

8. 経営を6つの要素で見る

(1) 経営を資源から見る

　前述の調査では、企業の経営を6つの要素に分けて見ることとしました。この6つ要素というのは、実のところ、筆者が設定したもので、「ヒト、モノ、カネ、技術、情報」の5つまでを設定した経営の構成要素は、他でも提唱されていますが、筆者はそれ以前から、自社の経営を見る時も、社史の企画をする時も6つの構成要素に分けて見てきました。

　この経営の6つの要素とは、何をもとに考えたのか、ここでまとめておきたいと思います。なぜなら、それが社史を活用して、会社の経営を改善する重要なポイントになるからです。

　経営を資源にわけて、最初に分析したのは米国・マサチューセッツ工科大学の故エディス・ペンローズ博士[注5]です。彼女は米国の大手企業に分け入って、経営がどのように動いているのか、何が素となって企画・生産・販売が行われているのかを調べました。著書『企業成長の理論』によると、ペンローズは経営の資源を物的(Physical)資源と人的(Human)資源に分けました。前者は工場・プラント、器具・工具、土地、天然資源、原材料、製品などを挙げており、後者は、従業員として未熟練工から経営者までを含むとしました。特に、人的

資源としての経営者の役割については明確な定義をしました。

　ペンローズが同書の中で分析を試みているのは、「企業成長のメカニズム」でした。彼女は、従来、経済学が採り上げなかった企業の組織と機能に注目して、その内部の働きを観察しました。その結果、企業は2つの属性である、物的資源と人的資源が融合した一個の集合体であること、そして一個の管理組織として、その全体に機能の調整がおよぶと考えました。

　同書は1959年に初版が米国で出版されており、当時は経済学のなかで企業経営の詳細な研究と分析がなされつつある時代でした。ペンローズが物的資源と人的資源の2つを経営の主な構成要素と考えていることについて、筆者が採り上げる6つの要素をどのように対応させるか検討しました。

　ヒト、モノ、カネをペンローズは物的資源に含むとしているので、これをヒトも含めてCountableな定量要素とし、Uncountableな定性要素を技術、情報、経営哲学と考えれば6つの要素はペンローズが起こした理論と合致すると考えました。

　その後、ヒトを定量要素と定性要素の二つにわけて考える必要があることに気がつきましたが、いずれにしても、経営の構成要素を定量と定性に分けることで、ペンローズの理論と合致できたと筆者は考えました。

(2)6つの要素をひもとく

　ペンローズは経営の要素を人的資源と物的資源で考えています。

それはお金もモノの中に含まれるということです。しかし、それで経営の要素をとらえることができるでしょうか。お金は単なるモノではなく、情報にも、ヒトにも、役務にも変化します。今の時代ではカネは自在に変質するので、変質の仕方で経営資源としての機能が変わります。筆者がカネは独立した経営資源と位置づけなければならないと考える理由です。

次に情報ですが、これも独立した構成要素として位置づけられるべきものと考えています。ペンローズは情報は人的資源に含まれるものとし、特に経営者がもつ情報の質と量により、企業の成長は制限される、という考えを採っています。

会社が手に入れる物品で、経営に役立つモノは、どこで、何が、いくらで手にはいるのか、という情報が入手できなければ、そのモノはこの世に存在しても入手できません。その情報がなければ、そのモノはこの世に無いのと等しいのです。しかし、経済の現場ではモノによって助けられたり、生産性が上がったり、創意工夫を生み出す場面はいくらもあります。情報は企業経営を劇的に変えることがあります。新製品や新技術の開発情報を新聞で読んで、それを自社に導入して画期的な経営成果を上げたというのは、日本のみならず、世界のどこにでもある話です。

時代も場面も全く異なりますが、桶狭間で織田信長が今川義元の首を討ち取った戦で、義元の居場所の情報をもたらした斥候に、信長は城内で最大の恩賞をとらせたと言われます。あの瞬間から日本の戦国時代は大きく動き出したことを私たちは知っています。一つ

の情報はそれほど大きな力をもつことがあるのです。

　また、ヒトについても、最初の代表者は創業者ですが、それに続く社員は、その出会いなり、存在が何らかの方法、またはルートを使って届けられなければ、その人物はいないも同然です。つまりヒトとモノには、情報というタグがつながっていてこそ経営に活用できます。

　ペンローズが定義する物的資源と人的資源にしても、それに情報というタグがついていなければ、一企業者にとっては無いに等しいわけです。ましてやその情報にはコスト（値段）も含まれます。コストの合わない物的資源や人的資源は、一企業者にその資源を活用する手段はなく、目の前を通り過ぎるだけです。

　次に、技術ですが、筆者が上げている6つの経営の構成要素に最も近い見方として、経済産業省経済産業政策局知的財産政策室室長の由良英雄氏の言説を採り上げます。

　由良室長は、「従来の3つの要素（ヒト、モノ、カネ）に加え、第4の経営資源を『ワザ』、第5の経営資源を『知恵（チエ）』とし、この5つが企業価値創造のための経営資源と位置付けている。ここでいう『知恵』とは企業の『知的資産』と言い換えることができる。具体的には、個人や組織、技術、コミュニケーションなど多岐にわたる領域に存在する『独特なノウハウ、方法論、行動規範など生み出す源泉（能力）』を指す。」[注6]

　ここで第4として上がっている「ワザ」はまさしく「技」であり、技術のことです。技術と言っても機械を作るような製造技術だけを指すのではなく、店舗にも接客技術があります。販売促進も技術の蓄

積によって、より効率的な販売ができるようになります。その技術はモノを使って成立することもあるし、使わずに成立する技術もあります。この技術の高低によって、経営の伸縮は左右されます。そして「知恵」は筆者が「情報」と呼んでいるものと合致していると考えています。

　最後に経営哲学です。これまで経営の要素についてさまざまな論考を読んできましたが、経営哲学まで含めた6項目を経営の構成要素としている例はまだ見ていません。今回の調査をするにあたって、先行研究者の林勇作氏（ひろせ総研）に話を聞いた時、林氏はヒト、モノにハート（経営哲学）を加えることを提唱されていました。これは筆者が考えた経営哲学と同じ意味でした。

　ペンローズも含めて、いままで「経営哲学」はヒトに属するものと考えられてきました。たしかに、多くの場合は創業者によって発せられ、社員に記憶され、会社で記録されます。記録されると、それが社員に伝播され、時間がたつにつれて、理念や社訓に変わります。では、それがどのように経営の中で活用されるのでしょうか。

　企業内の社員は普遍ではありません。創業者も、社長も、いつかは離職します。一般的には7年すると全社員が入れ替わるぐらいの離職率です。しかし最初に設定された経営哲学や社訓は、会社と社員に受け継がれていく限り、会社の経営方針の原理原則になります。

　経営者や幹部社員、管理職や一般社員にしても、日々の業務判断の中で迷うこと、わからないことはたくさんあります。その時の自分の見方、考え方を検討するためのモノサシとして、経営哲学、社

訓は存在します。経営が厳しい時、会社の方向性を確認するために社是、社訓に返る。順境にもおごらないように社訓に返る。逆境には社員と会社と社会のつながりをあらためて認識するために社訓を口ずさむ。パナソニックでは今も毎朝、社員が社訓を朗唱していますが、このように会社の理念を社員に浸透させる努力をしている会社はたくさんあります。

人間は変質します。年齢を重ね、気力、体力、環境などの条件が変わってゆきます。清廉潔白に経営していた人が、年数がたち、企業規模が大きくなると変質し、悪事に手を染めたことは、日本の経営史に枚挙にいとまがありません。経営哲学や企業理念は変質する人間、その集団である組織に対して、いつも同じ位置から会社のあり方、考え方、目指すべき方向を示しています。

(3)経営に哲学はなぜ必要か

ここで経営になぜ哲学が必要かを具体的に物語るエピソードをご紹介します。京セラと日本航空の名誉会長である稲盛和夫氏とは稲盛氏が49歳、筆者が24歳の頃からご厚誼をいただき、当社の創業7年目からは経営者の勉強塾「盛和塾」の機関誌『盛和塾』の企画・編集に携わらせていただいたので、そばで稲盛氏の経営哲学を学ばせていただく僥倖に恵まれました。

1990年、稲盛氏は電話事業に乗り出そうとした時、事業計画を作成する前に、「何がために電話事業に参入するのか」を繰り返し自問自答されました。「自分自身のスタンドプレーではないのか」「注

目度の高い商品を扱える会社になりたいだけではないのか」等々、半年間は自問自答ばかりを繰り返していたそうです。そして、自身の中で「世のため人のために電話事業に参入する」という大義名分が立った時、初めて決断をし、その後は一気呵成に事業計画を推進し、ヒト、モノ、カネ、技術、情報を揃えていきました。しかし、最初に必要となったのは、経営の5要素ではなくて、「何がためにこの事業を行うのか」という大義名分、つまり「経営哲学」でありました。

「動機善なりや　私心なかりしか」

この言葉は稲盛氏が自分に厳しく問うた言葉でした。いまもKDDIでは社員の目に付くところに楯にして置いているようです。DDIはトヨタ系の日本高速通信やJR系の日本テレコムに比べると格段と企業規模が小さく、設備もおとり、ましてや本丸にはNTTがいる中で、とても勝ち目はないと言われました。しかし、その後日本テレコムはソフトバンクに吸収され、DDIは日本高速通信とKDDを飲み込んでKDDIとなりました。この闘いがヒト、モノ、カネ、技術、情報の5要素で繰り広げられたら、京セラ系には勝てる見込みはなかったでしょう。これこそ先に掲げた経営哲学の勝利ではなかったでしょうか。

また、稲盛氏は創業当初からDDIの株式は一株ももっておらず、当然のことながら、それはお金の都合ではなく、自身の利得のために電話事業を始めるのではない、という志を貫徹するためでした。稲盛氏は言いました。「DDIの大義名分を貫くためにも、自分だけは株をもつのはやめよう」[注7]。

稲盛氏は盛和塾の一部の塾生に対しては、DDI計画を進める時から話をしておられたので、我々はその細かなプロセスを理解していました。このようなドラマをそばで見て、なおかつ社史の企画・制作という企業の沿革を業務として扱うことに長年、取り組んできましたので、筆者には事業に「経営哲学」は欠くことのできない構成要素であるという信念が根付いております。そして、それこそが企業を長い目で見る時の最も必要な視点であり、浮沈を決める要素であると考えています。

9. 成果を生み出す社史の作り方

(1)経営の6つの要素を定性と定量に分ける

前述しました経営を構成する6つの要素。これをどのように活性化させるかが、経営の課題です。どのような企画をすることで、社長や会社が望む社史を作れるのか。その方法についてはすでに述べました。次には、社史を出版する時に、いかに会社を活性化させるのか。その方法論について述べます。前で語った企画の内容を、貴社の歴史の転換点にいかに組み合わせ、活力を生み出すのかを考えていただくための端緒となれば幸いです。

前述のように、ヒト、モノ、カネは定量要素としてCountableな数字です。カネは現金からPL、BSの経営数字のことも含みます。そして人は定量部分と定性部分があり、二面性をもっています。リーダーシップや熱意、創造力、企画力などは目には見えない定性要素で、

人を時間に置き換えると、定量要素として計量することもできます。人は定性と定量を兼ねる経営を最も左右する要素です。

先ほどのDDIのように、会社がスタートした時、多くの場合、潤沢な資金はありません。お金がないということは、十分な設備も揃っていません。また、人は創業者と数人の社員だけです。Countable な定量要素としては無い無い尽くしなのが会社の創業期です。あるのは社員のやる気と情熱とわずかな経験と技術。情報と言えるほどのものはありませんが、とりあえず独立した以上は、取り扱おうとしている商品の販売の仕方はわかっています。「販売無くして企業無し」だからです。

多くの場合、会社はこのように始まります。初期の頃は定量要素はほとんど無く、定性要素がいくらかあるだけです。それらによって、数人の社員でスタートし、徐々に会社としての体裁が整ってきます。社員数が増えると、それまでは代表者の才覚で動いていたのが、そのやり方や考え方が他の社員にも共有化されていきます。そして、徐々に社員も売上を上げられるようになり、代表者の売上に社員の売上が重なって拡大し、会社は伸びていきます。会社が発展するということは、定性要素 Uncountable が定量要素 Countable に置き換わっていくことなのです。

そうして徐々に会社の体裁が整ってきますが、それと同時に、定量部分が大きくなって、定性部分が小さくなることが、会社の成長を意味するというのが経営学でいわれる成長理論の一つです。

【図17】は、企業の創業から発展、成熟へと進んでいく間に、徐々

に定性が定量に置き換わっていくことを説明しています。そして、ここで第二の創業期を拓こうとすると、もう一度、定性部分を大きくし、新たな定性部分を作る必要があります。多くの場合、経営者が代替わりを迎える時に、このような変革が起こることがあります。

　今回の長寿企業の調査でも、取材した経営者の中には2代目経営者や、中興の祖と言えるような、大きな仕事をした経営者がおられました。その方々の話には経営を変革する時のエピソードが相次いで出てきます。その内容は先代が作った経営のシステムの良いところを残しつつ、いかに経営の仕組みの再構築をするのか、という点でたいへんなご努力とご苦労をされています。それは新しいリーダーシップによる定性部分の拡大と、定量部分の見直しをしているということでした。

(2)社史で定性分野を引き上げて、第二創業期をつくる

　そこで社史の出番です。社史の企画の過程で成熟期を迎えた会社の定量要素と定性要素をアンケートとヒアリングで掘り起こし、見直してみます。まず、いま大事な仕組みとしていることは「なぜ、そうしているのか」をヒアリングします。その理由の裏には、定性を定量化した方策が隠されていて学びがあります。また創業期に埋蔵されている成功話や苦労話を細かく拾い上げ、社員が感動できる物語として聞かせることです。また、創業期に限らず、社員が業務を通じて、学んだ、感動した、涙した、という話を拾い上げ、それらを社員が共有しあうことです。

【図17】組織の価値を定量要素と定性要素で説明する

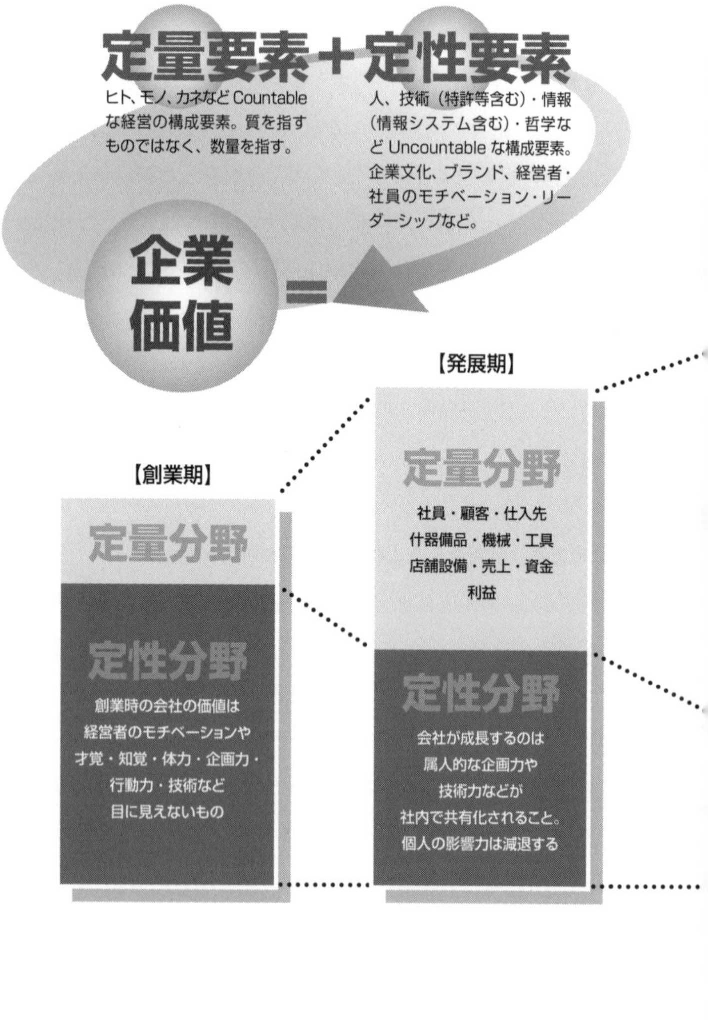

定量要素 + 定性要素

ヒト、モノ、カネなど Countable な経営の構成要素。質を指すものではなく、数量を指す。

人、技術（特許等含む）・情報（情報システム含む）・哲学など Uncountable な構成要素。企業文化、ブランド、経営者・社員のモチベーション・リーダーシップなど。

企業価値 =

【発展期】

【創業期】

定量分野

定性分野

創業時の会社の価値は
経営者のモチベーションや
才覚・知覚・体力・企画力・
行動力・技術など
目に見えないもの

定量分野

社員・顧客・仕入先
什器備品・機械・工具
店舗設備・売上・資金
利益

定性分野

会社が成長するのは
属人的な企画力や
技術力などが
社内で共有化されること。
個人の影響力は減退する

126

成果を生み出す社史の作り方

【第二発展期】

定量分野
定性分野を高めることで
全体を押し上げる効果と、
定量分野を刺激して、
高める相乗効果を
発揮する

【成熟期】

定量分野
ヒト・モノ・カネが揃って、
会社としては整ったが、
成長力にかげりが出る。
ルールと仕組みと
設備だけでは
企業の活性化と成長は
続かない

定性分野
定性分野を
再び活発化させることで
定量分野を伸ばし、
会社を第二創業期と
第二発展期へと導く。
技術と情報と経営哲学を
再活性化させる

定性分野
会社がシステム化すると
定性分野が小さくなる

会社の個性が減退し、個人の裁量が少なくなり、
システムとルールで動く。
顧客より上司と会社を見る大企業病に似た症状になる

127

会社の体裁が整ってくると、会社は社員の個性を認めようとしなくなります。個性は仕組みで処理できないからです。結果として、社員が個性を発揮できる場面が少なくなり、いつしか社員同士のぶつかり合いもなくなります。成熟した企業には、成熟した人間関係が育っています。議論を避け、皆おとなしい、草食系の集団になって、やがて代表者もそれに巻き込まれると、もはや会社も個性を失ってしまいます。

　そういう殻やベールを、あえて社員と組織の個性を引っ張り出すことで壊します。個性豊かな人物のエピソードや奮闘の日々を社史に含めることで、会社の定性部分と社員の定性部分（技術、情報、哲学）を刺激して、新たな定性要素を表面化させる方法です。今まで知られていなかった定性要素を掘り起こして、経営者と社員を刺激し、創業期のように、その力をテコにして定量部分を伸ばす、という手法です。互いの人間性がぶつかり合うことを恐れない雰囲気を作ることが大事です。新たなリーダーが生まれる時、または会社の時代が変わろうとしている時、ぜひ取り組んでいただきたい、企業の第二創業期づくりです。

　もし、個人のエピソードを社史に採り上げるのは憚られるということであれば、社史そのものにのせずに、WEB版社史を社内LANに設置して、そこに掲載する方法もあります。

(3)中小企業の強みは定性部分が大きいこと

　松下幸之助氏は1963年に刊行した本の中で下記のようなことを

言いました。ちょっと長いですが引用します。（答えの部分が松下幸之助氏の言葉）

問　これからの中小企業経営者の心構えといったことをお話しいただきたいのですが…。

答　中小企業の方がたは、いわば世間からおびやかされていると思うのですよ。第一、新聞や雑誌からも評論家からもおびやかされている。それはどういうことかと申しますと、中小企業は弱いといわれていることです。実際いろいろ書かれる人たちは、中小企業が弱いということを本当に知っておられるのかどうか、うたがわしいと思うのですが、私は中小企業ほど強いものはないと思います。だから私の考えとは正反対です。

　私がもし新聞記者であれば、中小企業は強いから一つ大いにおやりなさい、また不景気になれば、中小企業は進出する機会である、というように書きたいと思うのです。

　なぜ中小企業が強いかといいますと、中小企業というものは、ある程度適性をもった経営者であれば、人を十分に生かすことができると思うのですよ。今日大企業といわれる会社は、だんだんと官僚的になってきて、百の力のある人を七十にしか使っておりません。これは事実です。そこの社長が非常にえらい人であっても、やはり限界がありますから、大会社になればなるほど、一人あたりの力が低下するのが、これはもう原則ですね。

　二、三十人から二、三百人という中小企業であれば、その主人公の一挙手一投足によって、全部の人が働く。七十の力の人が百五十

129

にもなって働くのですよ。だから私は、中小企業がいちばん強いということを知っている。というのは、私は極小からズーッと今日まで経営してきましたが、大企業となったいまがいちばんむずかしいです。

いちばん良かったのは、二、三百人のときでした。楽しいし、希望に満ちているし、従業員も言うことをよく聞いてくれるし、よく働いてくれるし、じっさい生き甲斐を感じましたね。大企業にも決して負けなかった。ところが、会社がだんだん大きくなるにつれて、むずかしくなってきました。もし許されるならば、私は二、三百人程度の中小企業のおやじになりたいです。どんなにうまくやってやろうかと思うのが、今の心境です。(笑)[注8]

このなかで松下氏は、会社の規模が大きくなればなるほど、人を活かして使っていない、と言っています。よく大企業病と呼ばれますが、理論としては「リンゲルマン効果」と言われるものです。20世紀初頭のフランスの農学者マクシミリアン・リンゲルマンは綱引きなどの集団作業時の一人あたりのパフォーマンスを数値化する実験を行いました。一人の時の力の量を100％とした場合、二人の場合は93％、3人では85％と減っていき、8人では49％と一人あたりの半分に低下する事実をつきとめました。賢明な松下氏は実践から理論を導き出していたのです。

松下氏は会社の規模ではなく、社長のリーダーシップや人柄、社員との意思疎通や人間関係が密な中小企業の方が社員を十分に活かしているので強いと言われます。まさしく社員の個性(定性部分)を

130

十分に活かしているということです。社員を時間等の定量で見ると、すぐに限度が見えてしまい活かすことができなくなります。人の能力はアナログでかつ弾力性があります。これが創業時3人から数十万人の会社を作られた松下氏の実感です。中小企業は定性部分が大きいことが強みなのです。

社史で定性部分を伸ばせる企画、内容構成、作り方をいたしましょう。そうすれば代替わりせずとも、会社を変えることができますし、周年にしっかりと次の時代の経営のあり方を見いだすことができます。

10. 社史づくりを始めるにあたって

ここまで社史を作る際の考え方について述べました。最後に、社史を作る時の基本動作について説明をいたします。

(1) 最初に決めておかなければならないこと

社史の発刊を考える際に、最初に決めておかなければならないのは、①目的 ②読者設定 ③スケジュール ④コスト ⑤体裁 ⑥社内担当者です。

社史は短くて1年、長ければ3〜5年をかけて作成するものです。当社の最長記録では15年をかけた例もありました。長きにわたるので、「やってみなければわからない」と考える企業が多いのですが、先の見えない企画だからこそ、最初に、最低限設定しておかなけれ

ばならないことがあります。それすら決まっていなかったら、迷走を繰り返して、時間もコストもムダになってしまいます。

最初に上記の6つの項目を決めておけば、当面はそれをもとに資料を集め、企画を具体化することが可能になります。逆に、これらが決まらなかったら、詳細に突っ込むことができません。もちろん、企画の詳細を詰める途上で、別の見方、考え方が出てくることがあります。それによって方向を変えることになる場合もあるでしょう。その時も現在の方針をたたき台にして何が良くて、何が悪いのか。何を変えて、何を変えないのかを確認することで、修正がより明確になってきます。

少なくとも、原稿を執筆開始するまでに、企画の方向性を決めましょう。原稿の執筆が始まってから方針が変わると、書き直しが必要となって、コストとスケジュールと品質がたいへんなことになってしまいます。なんとしても、それは避けていただきたいと思います。

(2)目的に応じて、メディアと体裁を変える

【図18】は社史企画の全体像を記したものです。図の中には、記念誌も含めていますが、記念誌と社史は役割も機能も、達成される目的も違うので分けました。経営の沿革をきちんと掲載するとなると、100ページでは足りません。また、経営数値を詳しく掲載したくない場合もあります。そういう時に記念誌なら、多くのページ数は必要ありませんし、経営数値を載せなくてすみます。

この中で説明が必要なのは、企業アーカイブと個人史のところで

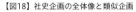

【図18】社史企画の全体像と類似企画

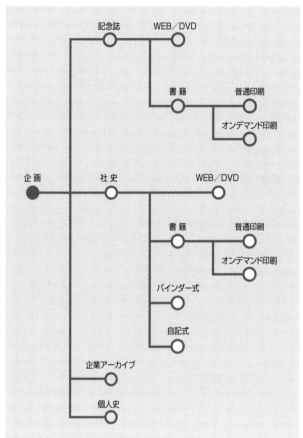

す。企業アーカイブは、まだこれからの分野ですが、従来の資料と情報の整理と継承のために社史を作るというのは、いずれアーカイブに吸収され、社史は企業アーカイブの一つの分野になる可能性が

高いと考えています。つまり、社史はアーカイブから重要なものだけを採り上げて、読み物にする、ということです。

また、社史よりも、代表者の個人史を作ることが先ではないか、と思う企業があります。特に、創業者が現役で活躍されている場合は、社史よりも先に個人史を作っておく必要があります。それなくして社史を作ると、多くの場合、社長の個人史と社史がごちゃ混ぜになり、公私混同した社史になります。これでは社史としてのレベルは上がらず、個人史としても中途半端になります。

次に、書籍の普通印刷とオンデマンド印刷の違いです。オンデマンドは必要な部数だけ印刷するという、少部数印刷に有利な方法です。よって、必要なページを必要な部数だけ刷って、幾種類かの内容の異なった本を作ることが可能なので、同じテーマでも作り分けることができます。

バインダーには印刷した社史本文を綴じますが、それを配布する読者の種類ごとに作り分けます。外部用、一般社員用、管理職用、経営陣用に内容を分けて、バインダーに綴じて渡す社史です。バインダーは安価でオリジナルのものを作成できます。また、加除式ですから、社内用なら1年、3年、5年ごとに追加できますし、記述した内容が変わった場合には、そのページだけ差し替えることも可能です。

自記式というのは、社史用に作られた質問に答えを記入するだけで、1冊の社史ができ上がるというものです。筆者が執筆・編集した『平成社史——自社で作れる平成30年間の社史』(2018年、当社刊)。ただし、これはどこの会社でも書き込めるような社史ですから、内容

成果を生み出す社史の作り方

のオリジナル性はありません。あくまでも社史備忘録として使える
ものです。

(3)良い社史を作るための態勢

　企業規模と完成までのスケジュール、そして企画の概要により、
態勢は違ってきます。たとえば、外部の専門家を使って、A4判、160
ページの社史を8ヶ月で作るなら、社内に二人の専任担当がいりま
す。これを16ヶ月で作るなら、一人で担当しても大丈夫です。つまり、
スケジュールと企画の規模によって、必要な人数が変わってくると
いうことです。

　当社の取引実績では、一人の専任と数名の兼任を付けていただく
ケースが多いようです。専任者は年輩の方で会社のことをよくわかっ
ているだけでなく、トップとの意見交換や意思疎通ができる方が望
まれます。なぜなら、社史は企業の出版物であり、企画概要や構成
内容にもトップの意思関与が無くしては作れないからです。

　また、社内担当者は社史製作期間中、ずっと必要ではありません。
A4・200ページの社史を製作期間2年で作る場合の概略スケジュー
ル表【図19】を見てください。この中で、社史の企業内担当者がフル
活動するのは、企画概要を決定する期間、資料を集めて整理する期
間、上がってきた原稿をチェックする期間、そしてレイアウトが上がっ
てきたゲラ刷りを校正する期間です。それ以外の時期に発生する
仕事は発注のつど、一人の担当者が動けばすむ程度の業務です。

135

【図19】概略スケジュール図

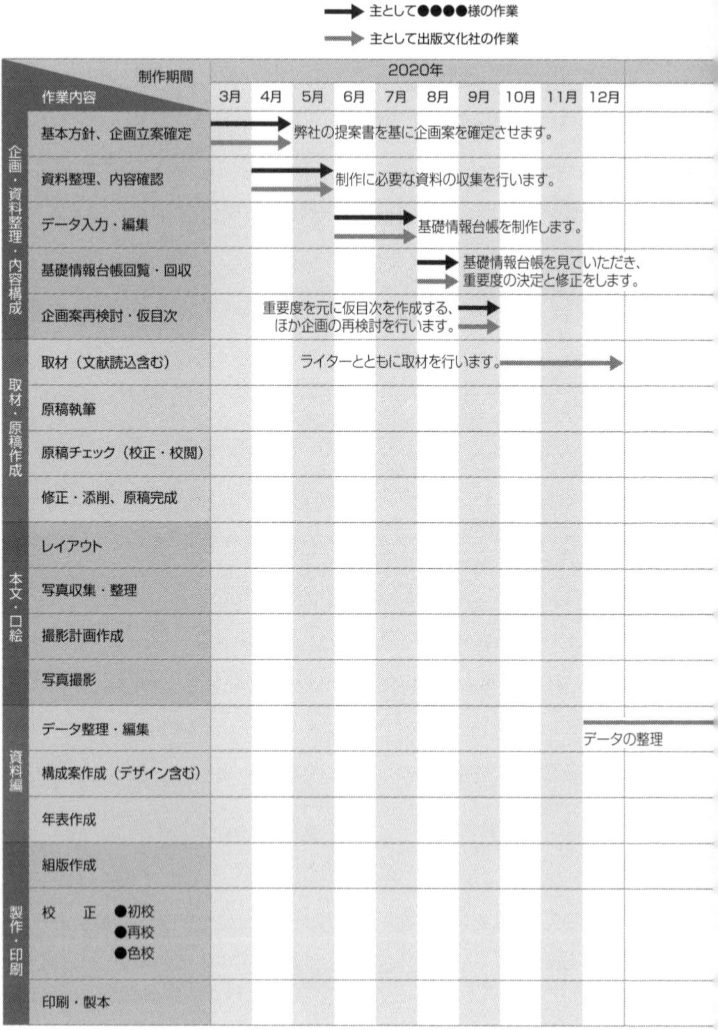

➡ 主として●●●●様の作業
➡ 主として出版文化社の作業

制作期間／作業内容	2020年 3月	4月	5月	6月	7月	8月	9月	10月	11月	12月	
企画・資料整理・内容構成 基本方針、企画立案確定	➡ 弊社の提案書を基に企画案を確定させます。										
資料整理、内容確認	➡ 制作に必要な資料の収集を行います。										
データ入力・編集				➡ 基礎情報台帳を制作します。							
基礎情報台帳回覧・回収						➡ 基礎情報台帳を見ていただき、重要度の決定と修正をします。					
企画案再検討・仮目次	重要度を元に仮目次を作成する、ほか企画の再検討を行います。➡										
取材・原稿作成 取材（文献読込含む）	ライターとともに取材を行います。➡										
原稿執筆											
原稿チェック（校正・校閲）											
修正・添削、原稿完成											
本文・口絵 レイアウト											
写真収集・整理											
撮影計画作成											
写真撮影											
資料編 データ整理・編集									データの整理		
構成案作成（デザイン含む）											
年表作成											
製作・印刷 組版作成											
校正 ●初校 ●再校 ●色校											
印刷・製本											

成果を生み出す社史の作り方

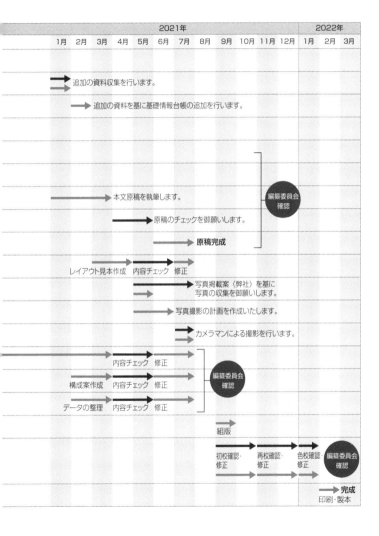

(4)制作スケジュール

　スケジュールの設定は、最初に完成時期をいつにするかによって変わってきます。会社の周年や記念行事と関連した完成時期の設定には、以下のようなタイミングがあります。

①周年を迎える記念日当日

②周年を迎える新年度に入った日

③周年を迎える年度が終了した日

④周年を迎える年の決算が発表された日から、、社史に掲載できる
　最短期日の日

⑤記念式典を行う日

⑥記念式典を行い、その模様を掲載できる最短期日の日

⑦周年を迎えた年から作り始める

⑧会社が大きな節目を迎えた時（本社移転、新築、株式の公開など）

⑨創業者や経営トップの生誕記念日など

⑩和暦や西暦年の節目の日（2000年、2001年、平成30年史など）

　貴社の周年をどのようにとらえて、どの時点までの情報を掲載する社史を作るかによって、完成時期が変わってきます。

　また、周年の時には周年記念行事や周年記念キャンペーンなどのセールをかける会社もあります。また、周年という区切りに向かって社員の意識を高めていく大事な時期でもあります。それらの点をよく考えて、完成時期を設定していただきたいと思います。

成果を生み出す社史の作り方

　仮に、社史の発刊を思い立ったが、すでに周年までに十分な時間がないとしたら、これらをヒントに、別の周年のとらえ方をされたらいいと思います。

11. おわりに

　当社で集めた社史の活用事例と、大学院で集めた長寿企業アンケートと社長取材から主要なポイントを書き出して、歴史を超えて企業を活性化させていくための社史づくりをまとめました。

　時代はかつてなく速く変化しています。日なたに立っていたと思っていたら、いつの間にか日陰に入ってしまった企業、業界も多いことでしょう。企業は常にさまざまな企業間競争や商品間競争、同業間競争と他業種間競争、さらには地域内競争と地域間競争にさらされています。近年では他国間競争も身近に迫ってきました。企業には常に下向き圧力がかかっており、いわば下降するエスカレーターに上を向いて乗っているようなもので、それを逆行して上がっていかねばなりません。立ち止まったら、自動的に下がっていき、下に着いたら降ろされてしまいます。常に上を目指し、上に向かって歩を進めるのが企業の宿命です。それは経済活動だけでなく、商品開発や人事管理についても同じことが言えましょう。

　立ち止まって考えるいとまはありません。考えながら動き、動きながら変化するのが、企業を長らえるために必要な動作です。過ぎてきた歴史を変えることはできません。しかし、その経験と途上で

139

生み出された知恵に学び、同じ失敗を繰り返さず、変化することを怠らない賢明さがあれば、明日を変えることはできるはずです。

　社史を作ることは、御社の歴史の森に分け入って宝物を探す旅に出るようなものです。ぜひとも、御社の歴史にひそんでいる智恵を見つけて、成功長寿企業へとつながる新しい時代の扉を開けていただきたいと願っております。

[注1]　『カンブリア宮殿』(2010年7月19日放送),「孫正義の社長術」,テレビ東京

[注2]　韓国銀行 (2008).「日本に長寿企業が多いわけは？　韓国銀行が分析」1. 韓国経済ニュース,2010年2月10日検索,
　　　http://www.wowkorea.jp/news/Korea/2008/0515/10044220.html

[注3]　『光明日報』2010年4月12日号

[注4]　日経経済新聞社電子メディア局データ事業部・加藤岳彦 (2004),「企業分析『会社の寿命30年』説を検証」－優良企業ランキングとの関係は？-,p.1. 2010年2月2日検索.
　　　http://www.nikkei.co.jp/needs/analysis/04/a040922.html

[注5]　エディス・ペンローズ著,日高千景訳,『企業成長の理論』(第3版)2010,ダイヤモンド社

[注6]　真木和俊 (2006),「経済産業省が唱える「第4」「第5」の経営資源,日経ビジネスオンライン,2010年11月25日検索,
　　　http://business.nikkeibp.co.jp/article/skillup/20060913/109753/

[注7]　機関誌『盛和塾』平成15年12月号,p.11-17

[注8]　松下幸之助著 (1963),『処世雑感・松下幸之助講演集 (1)』,p.86-87,PHP研究所(非売品)

＊本稿は2011年4月10日にSMBCコンサルティングより発行された『成果を生み出す社史の作り方——成功長寿企業になるため、会社の歴史からいかに学ぶか——』を一部加筆・修正し、再録したものです。

現用文書管理とビジネスアーカイブの融合を期待する

社史・アーカイブ総合研究所 代表　**小谷 允志**
記録管理学会 元会長

1. 日本の文書管理・アーカイブズの問題とは

　いきなり標記のテーマに入る前に、全体的な日本の文書管理・アーカイブズの問題としてどのようなものがあるのかという点について、筆者の考え方を概略述べておきます。その方がこのテーマ自体の理解もしやすいのではないかと思うからです。かねてからこの点について筆者が主張してきたことは次の3つです[注1]。

①組織における文書・記録の重要性に対する認識が低いこと
②現用の文書管理と非現用のアーカイブズがつながっていないこと
③文書管理の専門職体制（現用のレコードマネジャー・非現用のアーキビスト）
　が確立していないこと

　組織というものを類別すると、[A]国の各省庁や独立行政法人等、

141

[B]地方自治体、[C]民間企業と大きくはこの3つのグループに分けられます。先に挙げた問題点は、多少の濃淡はあるにせよ、この3つのグループに共通して言えることであり、正に日本の組織の問題点と言えるわけです。つまりこれらが日本の文書管理・アーカイブズにおける本質的な問題であるだけではなく、海外の先進国と比較して最も大きな違いを感じさせる問題でもあるからです。今回はその中から、特に[C]の民間企業における②の現用の文書管理と非現用のアーカイブズがつながっていないという問題を少し掘り下げて考えてみようというわけです。

2. 組織における文書・記録の重要性に対する認識が低いこと

　一般的な読者の方々は日頃、日本の文書管理・アーカイブズの問題などというものを考えることはあまりないと思われますが、日本の文書管理・アーカイブズのレベルは先進国の中でもかなり低いというのが実状です。なぜそうなのか。まず分かり易い話で海外と比較してみましょう。

　日本の各省庁などの公文書管理の基本法である公文書管理法は2009年に制定され、2011年から施行されました。実はこれはアメリカからは60年、イギリスからは50年遅れています[注2]。遅まきながら公文書管理法ができたのは、失われた5000万件の年金記録問題等いくつかの不祥事が引き金になったことも事実ですが、公文書管理法ができてからも防衛省の日報問題、森友・加計学園問題など

の不祥事が続発、さらには財務省の決裁文書の改ざんなどという前代未聞の事件が起こり、公文書管理が大きく改善されたという印象はありません。要するに公文書管理法というかなり良いルールができたにもかかわらず実行が伴っていないのです。そのこと自体が、国の機関においても職員の間で公文書の重要性に対する認識が低いことを物語っているのです。

　次に自治体はどのような状況なのでしょうか。実は国は公文書管理法の中で自治体に対し、国と同様に公文書管理の改善を行うよう要請をしています。ところがこれが一向に進まないのです。国と同様ということは自治体では条例化ということを意味しますが、公文書管理を条例化し改善した自治体は約1,700カ所中、まだ20数カ所に過ぎません。これは自治体における公文書管理の重要性に対する認識が国よりもさらに低いことを示しています。確かにごく一部、優れた取り組みをしている自治体もありますが、大部分の自治体は関心が薄いのです。

　そして国、自治体よりもさらに関心が薄いのが民間企業です。国や自治体は情報公開法を初めとしてさまざまな法的な規制が働きますが、民間企業はそういった規制や動機づけが少ないために、なかなか文書管理・アーカイブズに関して積極的になりません。このような基本的な背景があるからこそ、日本では③に挙げた文書管理の専門職体制（現用のレコードマネジャー・非現用のアーキビスト）が進まないのです。国立公文書館あるいは数少ない自治体の公文書館には若干のアーキビストは存在しても、レコードマネジャーとなれば全

く存在しないと言っていいでしょう。

　そもそも日本の文書管理はファイリングシステム（後述）をベースとして行われてきたために、あくまで組織の全員で行うものとされており、レコードマネジャーなどという専門職は想定されていないのです。海外の先進国における国の各省庁、主要自治体、大手企業には必ずこのレコードマネジャーが存在し、全社的・全庁的に文書管理を指導・支援・推進しています。つまりこのような専門職がいるかどうかが、海外の文書管理との比較において、最も大きな違いとなっているのです。

3. 現用の文書管理とアーカイブズがつながっていない問題

　日本の組織では文書・記録の重要性に対する認識が低いということを理解いただいたところで、そろそろ本題に入りたいと思います。現用の文書管理とアーカイブズがつながっていないとはどういう意味なのか。これは現用文書の保存期間が満了した後、歴史的に重要な文書が適正に公文書館等のアーカイブズ部門に移管されないということを意味しています。言い換えると歴史が残らないということなのです。歴史が残らなければ、過去に学ぶことはできない。従ってこれは想像以上に大きな問題です。

　ではなぜ現用の保存期間が満了した後、歴史的に重要な文書がきちんと移管されないのでしょうか。これも当然ながら、先に述べた「組織における文書・記録の重要性に対する認識が低いこと」が

背景にあるわけですが、直接的には日本の文書管理がファイリングシステムをベースとして行われてきたことに関係があります。

ファイリングシステムとは「組織体の維持発展に必要な文書を必要に応じて即座に利用できるように組織的に整理保管し、ついには廃棄に至る一連の制度」と定義されています[注3]。これからも分かるようにファイリングシステムは基本的に廃棄を何よりも優先する仕組みであり、そもそもアーカイブズという考え方は全く想定されていませんでした。要するに日本の文書管理はグローバル・スタンダードの記録管理Records Management[注4]とは似て非なる形態で行われてきたわけです。

元々、ファイリングシステムは情報媒体が紙中心の時代の考え方であり、オフィスが紙の書類で溢れることを何よりも嫌ったのです。しかもパソコンの時代が始まった1995年以降の約20年間というものは、大方の予想に反してペーパーレス化が進まず、むしろオフィス内に急増したプリンターのせいで紙文書が増え続けるという皮肉な現象が生じたのです。

またこのシステムが生まれた戦後の1950年代から80年代にかけては〝欧米に追い付き追い越せ〟というスローガンの下に、社会全体が脇目もふらず一丸となって突っ走った結果、高度経済成長時代を実現した時代でした。そのため何事によらず効率と採算が重視され、前ばかりを向いていたため、アーカイブズによって過去を振り返るという発想はあまり生まれなかったのかも知れません。

その結果、日本の民間企業では自社製品の歴史を見せるための

145

ミュージアム[注5]、あるいは自社の属する業界全体の歴史を見せる博物館的なミュージアム[注6]など優れた企業ミュージアムを有している企業はかなり多いのですが、歴史的な文書・記録を主体としたアーカイブズは極めて少数なのです。中には社史編纂室の名を冠する資料室を有する企業もありますが、恒常的なアーカイブズ施設として社内外で利用可能な形になっている例はこれまた少数でしかありません。

4. 社史とアーカイブズの関係

日本では周年ごと節目の時期に社史を発行する企業は少なくありません。熱心な企業は10年毎、20年毎に継続して発行することも稀ではないのです。しかしながら社史を発行する場合、発行が決まってから社史編纂室等の組織が設けられ、執筆の材料となる資料、記録の類を一から収集し始めるというケースがほとんどです。

これは先に述べたように企業において普段から歴史的に重要な資料を記録として残す仕組み、すなわちアーカイブズが構築されていないため、そうせざるを得ないのです。現用の文書管理の仕組みの中で、常に歴史的に重要な文書・資料をアーカイブズへ移管する仕組みを作っておけば、このような非効率的な作業を繰り返す必要はないはずです。常設的なアーカイブズを作っておけば何時でも社史が発行できますし、社史だけでなくさまざまな業務の中で多角的にそれらの資料を情報資源として活用できるのです。

またこれまでは一旦社史ができ上った後は、使った記録や資料が お役ご免で倉庫に死蔵されるケースが多かったように思います。常 設のアーカイブズができれば、社史制作に使った記録資料類の目録 を作るなど体系化を図り、整理保存することにより貴重な情報源と することができます。良い資料なしに良い社史ができるはずもあり ませんし、また社史ができたからと言って、一次資料である原記録 へ当る価値が消滅するわけでもありません。ある意味で社史はそれ ら一次資料を加工した単なる二次資料に過ぎないのです。

　一方、アメリカなどではあまり日本のような形式の社史を発行す る習慣はありませんが、立派な記録アーカイブズを構築している企 業は数多く存在します。従ってその企業の過去の歴史的事実の証 拠となる原記録がアーカイブズに残されており、社員や関係者はい つでもこれらを直接参照することができるので、あえて社史を発行 する必要を感じないのかも知れません。その逆で、日本の場合はそ もそも記録を残すという伝統がないので、周年ごとに社史としてま とめておく必要があるとも言えるわけです。しかしながら日本でも 江戸時代には各地の大名家や大きな商家などできちんと記録を残 す文化がありましたから、なぜ近代になってその習慣が消えてしまっ たのか不思議なことです。

　そろそろ日本の企業も社史とアーカイブズの連携、一体化を真剣 に考えることが必要だし、それだけではなく基本的に良い文書管理 の仕組を構築し、常日頃から歴史的文書・記録が保存できるよう にすることが重要でしょう。そうすることによって幅広い業務の中

147

で自社の情報資産を多角的に活用する道が開けるのです。

[注1]　①に関連して、より詳しくは小谷「なぜ日本では記録管理・アーカイブズが根付かないのか」(「レコード・マネジメント」No.69, 2015.12)を参照いただければ幸いである。また③の専門職問題に関しては、有斐閣「ジュリスト」No.1373 (2009年3月1日号)「記録管理の現状と課題」及び行政管理研究センター「季報:情報公開・個人情報保護」の連載「文書管理をめぐる断想」においても度々取り上げている。

[注2]　アメリカの公文書管理の基本法は「連邦記録法」で1950年、イギリスは「公記録法」で1958年に制定されている。

[注3]　三沢仁「五訂ファイリングシステム」日本経営協会. 1987

[注4]　グローバル・スタンダードの記録管理は、目的に説明責任を掲げているほか、歴史的記録のアーカイブズへの移管を重視、記録管理の専門職を重用などの特徴を有する。

[注5]　自社製品の歴史を見せるための企業ミュージアムとしては優れたものが多数ある。代表的なものとして資生堂の「企業資料館」、花王の「花王ミュージアム」など。

[注6]　業界全体の歴史を見せる博物館的なミュージアムの代表的なものとしては、凸版印刷の「印刷博物館」、竹中工務店の「竹中大工道具館」など。

日本のビジネス・アーカイブにおける
出版文化社の成果と今後の役割

社史・アーカイブ総合研究所 主任研究員　**中村 崇高**
出版文化社 シニアアーキビスト

1. はじめに

「出版文化社は社史制作専門の出版社です」

お客様に対して出版文化社について説明しようとする時、筆者のみならず社内の人間は、必ず会社の特徴をこのように説明します。本章は、社史制作専門の出版社がなぜアーカイブ[注1]という新規事業に取り組むことになったのかを振り返りつつ、ビジネス・アーカイブの分野における当社の仕事の一部を紹介し、さらに、今後の同分野における役割と目指すべき方向性について述べていきます。

2. 社史制作とアーカイブ

アーカイブに関する社会的関心は近年とみに高まっています。なぜなら、2011年の東日本大震災の復興支援の一環として立ち上がっ

た「震災アーカイブ」の試みや、東京オリンピックに向けて、観光資源として歴史的資料をデジタル化する動きが各地で加速しているからです。

　そうした社会動向を受けて、最近刊行された『広辞苑 第七版』にも、「アーカイブ」という項目がたてられました。『広辞苑』によれば、「アーカイブ」とは、「①古文書・記録文書類。また、その保管所。公文書館」「②コンピューターで、関連のある複数のファイルをまとめること。また、まとめたもの。」となっています[注2]。①の「古文書・記録文書類」が「歴史資料」にあたります。「歴史資料」とは、歴史的事実を示すもの（史料）です。すなわち、アーカイブは歴史を叙述するための証拠（エビデンス）として欠くことができないものであるといえるでしょう。したがって、企業の歴史を描きだす社史とアーカイブは切っても切れない関係にあるのです。

　しかし、これまで企業の多くは、自社の歴史資料を日常的に収集、整理しようとはしてきませんでした。いうまでもなく、企業の存在意義は利益を生み出し、株式会社であれば株主にそれを還元することにあります。したがって、日常業務のなかで「不要不急」「利益を生み出さない」事業である社史を目的とした資料収集を行う意義を説明することは、たいへん難しいのです。

　その結果、せっかく社史を制作しようとしても資料がほとんど存在しない、もしくは過去に社史を制作しているにもかかわらず、資料を廃棄してしまい、次の社史の制作に支障をきたすという事例を、これまで数多く目の当たりにしてきました。社史専門の出版社であ

る出版文化社がアーカイブ事業を立ち上げたのは、その制作に際して欠かせないツールである歴史的資料をいかに収集・整理し、後世に伝えていくかという問題に関心があったからなのです。

3. 出版文化社の考えるアーカイブ

ここで、出版文化社の考えるアーカイブについて確認しておきましょう。前述したように、アーカイブという言葉には、「歴史資料」、「歴史資料を保存、公開する施設」という意味があります。しかし、ビジネス・アーカイブを構築する際、この2つの意味をお客様に説明しても、「学問的な定義はわかったけれども具体的に何をするのか？」という疑問の声を多くいただきます。そこで当社は、アーカイブ構築過程をできるだけ可視化することに努めてきました。このプロセスは、「アーカイブ・システム」というべきものであり、その概念を示したのが次ページの図です。この図について少し説明を加えれば次のようになります。

STEP1　会社の歴史を跡付けることのできる資料、業務参照のために必要な資料を収集する「収集」フェーズ

STEP2　収集した資料の目録を作成し、必要に応じて電子化し、誰もが参照可能とする「整理」フェーズ

STEP3　整理した資料を適切に保存し、検索可能な状態としておく「管理」フェーズ

アーカイブズの基本的な考え方

収集・整理から活用までのステップ

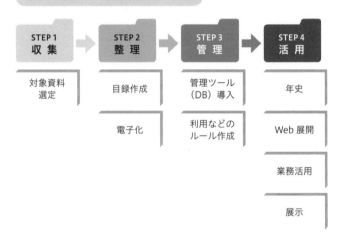

STEP4　管理している資料を必要に応じて社史などのコンテンツとして活用する「活用」フェーズ

　この一連の過程をワンストップで行なうことのできる業者は、存在しないといっても過言ではありません。なぜなら、「アーカイブ」を看板に掲げている業者の多くは、たとえばデジタル化専門業者、修復専門業者、データベース構築専門業者であるからです。すなわち、先の図のある段階に特化した専門業者が、現在のアーカイブ業界を構成しているということです。かくいう当社もある時期までは、資料整理専門業者でした。しかし、お客様のニーズの多様化が、出

版文化社のアーカイブビジネスに変化をもたらしたのです。

4. ニーズの多様化と出版文化社のアーカイブビジネス

　前述したように、アーカイブに関する社会の関心は高まっています。その結果、ビジネス・アーカイブの世界においても、企業のブランドイメージ向上とマーケティングのためのツールとしてアーカイブを活用しようという動きが徐々に広まってきており、特に広報とIRの機能をもつ部門がアーカイブに取り組み始めています。その理由は、これらの部署が企業のアウトリーチおよびインナーブランディングを担当するなかで、企業の歴史を把握しなければならない重要性を痛感しているからです。

　しかし、日常的にアーカイブの必要性を感じているこれらの部門においても、人と予算を確保することは非常に困難です。それは、これらの管理系部門が「非生産部門」であるという理由だけではありません。「古い資料をデジタル化したい」「古い資料の目録を作成したい」と考えても費用対効果が明確でないからです。そうした現状をふまえて、出版文化社では、資料整理やデジタル化といったスポット的作業を提案し、実施するだけでなく、専門家がお客様のニーズをヒアリングし、最適なアーカイブを構築するための方針策定をサポートするコンサルティングサービスを、5年前より本格的に開始しました。

　専門家によるコンサルティングは、アーカイブ研究者のなかでも

153

その必要性が提唱されていました[注3]。ただし、それを担うアーカイブの専門家の定義があいまいであったこと、学芸員や図書館司書のような国家資格でなかったことから、さまざまな団体が独自の資格制度を運用している状況が続き、こうした状況のなかで、2012年に日本アーカイブズ学会が、「登録アーキビスト制度」を開始しました[注4]。

この制度は、アーカイブズ養成機関で一定の単位を取得した大学院生だけでなく、国や地方自治体の歴史資料保存機関で実務に携わっていた経験豊かな専門家たちにその門戸を開くことになったのです。

出版文化社は2015年に1名の登録アーキビストを採用し、その後も社内アーキビストの資格取得を後押しし、現在3名の登録アーキビストが在籍しています。これらのアーキビストが、実務経験と理論に裏打ちされた専門的見地からお客様のニーズを的確に把握することで、アーカイブ構築方針を策定し、必要な作業のイメージをお客様へ提案、実施しているのです。また近年は、出版文化社が従来から得意としていた資料整理だけでなく、収集⇒整理⇒管理⇒活用をワンストップで行なうアーカイブ構築の「トータルコーディネート」も数多く手掛けるようになっています。

ここで、「トータルコーディネート」の一例を紹介しましょう。あるB to Cのメーカーの広報部門は、これまでのアーカイブ業務を再編し、広報の業務参照、ブランディングツールとしてより有効に活用することを考えていました。そこで出版文化社は、①アーキビス

トによる実地調査をへて、大方針を策定すること、②大方針にもとづく資料整理作業を行うこと、③その成果をアーカイブデータベースに格納し、全社的に情報を共有することを提案しました。

出版文化社のアーキビストは、自社だけでなく、電子化や修復を行う協力会社とも連携しつつビジネス・アーカイブ構築に従事しています。アーキビストがコーディネーターをつとめるというビジネスモデルは、経験豊富な「登録アーキビスト」を抱えている出版文化社ならではのスタイルであるといえるでしょう。

5. おわりに ——出版文化社のこれからの役割——

これまで述べてきたように、出版文化社は社史制作に関わるアーカイブだけでなく、ビジネス・アーカイブの「トータルコーディネート」をも視野に入れた活動を展開しています。こうした活動を支えるのは、いうまでもなくアーキビストですが、この人材を育成することが、これからの出版文化社に課せられた第一の役割でしょう。

アーキビストに必要な能力は多岐にわたります。国立公文書館が2018年12月に発表した「アーキビストの職務基準」[注5]を見ると、推奨される能力としてアーカイブズ学だけでなく、歴史学・法律学・保存科学などが列挙されています。これを満たすことのできる人材は「スーパーマン」ではないかと感じるほどで、こうしたアーキビストは社会にほとんど存在しません。

しかし、それらの能力のなかでもビジネス・アーカイブ構築に従

事するアーキビストとして不可欠なのは「コミュニケーション能力」でしょう。お客様のニーズを的確に判断し、それを可視化すること、これが出版文化社のアーキビストに求められる最低限の素養です。言い方を替えれば、それ以外の能力は、実務を経験するなかで自然と身につくものです。

欧米では、自分の専門分野を持ちつつ、コミュニケーションに長けた調整型のアーキビストを「マネジメント型アーキビスト」と呼ぶことがあります。出版文化社ではこうしたアーキビストを養成し、社会に送り出していくことが目下の課題です。そのために、デジタルアーカイブ学会などの学会や協力会社とも連携し、セミナーや講座を開催していきます。

第二の役割は、アーキビストの活動を通して、ビジネス・アーカイブだけでなくアーカイブそのものの重要性を社会に広めていくことです。日本経済新聞社で長らくアーカイブに関する取材を続けてきた松岡資明氏は、『アーカイブズが社会を変える』という著書を出版しています[注6]。同書は、日本がアーカイブズ後進国であると述べつつ、多様なアーカイブズ構築の試みについて紹介しています。つまり、アーカイブはビジネスシーンだけでなく、社会全体を変える力を持っているのです。

ただし、歴史資料を含む記録のもつ力を発揮するためには、アーカイブの必要性を社会が認識し、そこに人と金などの資源を投じることが一般的な状況を作りださなければなりません。出版文化社のアーキビストは、アーカイブのもつ偉大な力を社会に発信していく

責務があるのです。

[注1]　社会的には、archives（アーカイブズ）と呼ぶのが一般的だが、出版文化社は、ビジネス・アーカイブ構築に関わる商品を「アーカイブ」で商標登録している。したがって、本稿は「アーカイブ」の用語を使用する。

[注2]　『広辞苑　第七版』（岩波書店、2018年）の「アーカイブ」の項目。

[注3]　松崎裕子「企業アーカイブズを持続可能なものとする:日本的経営におけるアーキビストとは?（特集　日本アーカイブズ学会設立10周年企画研究会　私たちの「アーカイブズ学」をとらえ直す:批判・検証・展望）」（日本アーカイブズ学会編『アーカイブズ学研究』2017年12月）。

[注4]　日本アーカイブズ学会は、2012年から「日本アーカイブズ学会登録アーキビスト」を開始し、アーキビストに必要な資格要件を定めたうえで、アーキビスト資格を付与している。登録アーキビスト制度の詳細については、日本アーカイブズ学会のホームページに規程と細則が掲載されている。

[注5]　国立公文書館は、2017年から専門職としてのアーキビスト養成制度の検討を開始し、2018年12月「アーキビストの職務基準」を発表した。職務基準書については、http://www.archives.go.jp/about/report/pdf/syokumukijunsyo.pdfを参照のこと。また、筆者のアーカイブコラム「アーキビストの職務基準書」とアーキビスト認証への期待」https://www.archive-support.com/column/221.htmlもあわせて参照のこと。

[注6]　松岡資明『アーカイブズが社会を変える−公文書管理法と情報革命（平凡社新書）』（2011年、平凡社）

学園アーカイブの現状と課題

社史・アーカイブ総合研究所 主任研究員　**中村 崇高**
出版文化社 シニアアーキビスト

1. はじめに

　本章は、公立・私立の学校法人に設置されたアーカイブの現状と課題について取りあげることを目的とします。少子化が進む現在の日本社会において、公立・私立を問わず全国の学校法人が学生の確保に奔走しています。それは、もはやいうまでもないことですが、学生数の多寡が学校法人の経営に直結するからです。

　学校法人は生徒数を確保するためのさまざまな施策を打ち出しています。その施策の根本にあるのは、「学校法人として他校にはない独自色を打ち出す」ことでしょう。学校法人を管轄する文部科学省もまた、2016年、「私立大学研究ブランディング事業」を開始したように、学校法人に対して他校との差別化を一層明確にするよう求めています。なお、文部科学省のホームページによれば、この事業の目的は、「学長のリーダーシップの下、大学の特色ある研究を

基軸として、全学的な独自色を大きく打ち出す取組を行う私立大学の機能強化を促進する」[注1]とあります。文部科学省は「特色ある研究」「独自色」を前面に押し出すことが、私立大学のブランディングにつながるとの見解を示しているのです。

　ところで、皆さんはどのような基準で学校を選ぶでしょうか。自分の学力レベルに合致するかは重要ですが、以下の要素も必ず考慮に入れることでしょう。すなわち、(a)充実したカリキュラムなどの教育体制、(b)受験、就職の実績、(c)校風です。このなかで、(c)の校風を作り出すものの一つが、学校法人が培ってきた歴史です。当然のことですが、歴史は一朝一夕に作られるものではありません。したがって、歴史の蓄積の有無が他校との差別化にもつながっているといえるでしょう。

　なお、「私立大学ブランディング事業」の採択結果をみると、大学のもつ歴史をブランドと位置づけ、それを活用していこうという試みが多くみられます。たとえば、1886年に設立されたキリスト教系の学校である東北学院大学の申請書によれば、同大は、「東北における神学・人文学の研究拠点の整備事業」として、「本学内にあるキリスト教中世的文化財を軸に」ブランディング事業を展開すると述べています[注2]。このように、申請した大学側もまた、ブランド構築に歴史が果たす役割をよく認識しているといえるでしょう。

　学校法人の歴史を担保するものが、歴史資料であることはいうまでもありません。それらを保存、公開しているのが中高の史料室、大学史(資)料室などの「学園アーカイブ」です[注3]。本章は、学園アー

カイブの現状を分析したうえで、課題を提示し、今後のアーカイブ構築（再構築を含む）に寄与することを目的とします。ただし、ここで述べた見解は、出版文化社が長年東京・大阪で携わってきた学園アーカイブの事例をもとにしています。学園アーカイブの多くを占める大学アーカイブの現状と今後の課題については、すでに優れた論考が発表されています[注4]。こちらもあわせてご参照いただければ幸いです。

2. 学園アーカイブの現状

　繰り返しになりますが、学校法人の歴史資料を保存・公開しているのが、学園アーカイブです。学園アーカイブには大きく分けて、①年史制作、周年記念を契機に設立されたもの、②学内の図書館、博物館がその機能を担っているものの2種類が存在します。多くの学園アーカイブは、①に分類することができます。これらのアーカイブが収集対象としている歴史資料は、(a)学内で作成された文書類、(b)創設者・歴代学長関連資料、(c)卒業生関連資料、(d)年史制作の参考資料など多岐にわたります。これらを広く学園内外の研究者だけでなく、OB、OGに公開することを目的に設立されたのが学園アーカイブです。

　しかし、現在の学園アーカイブは、収集・整理した歴史資料の公開だけでなく多様な活動を求められています。それは、第一に「歴史」を軸としたブランディングの一翼を担う活動です。なぜなら、「は

じめに」で述べたように、学生数を確保することが、学校法人にとっての至上命題であるからです。この活動には、「自校史教育」の推進、学内展示・各種イベントの企画といったインナーブランディングの要素が含まれています。特に「自校史教育」は、多くの学校法人が他校との差別化を図るため、近年盛んになっている活動の一つです。学園アーカイブの担当者は、教員に歴史資料を提供するだけでなく、時には自分が講師として教壇に立つことが求められています。

　さらに、前述した「私立大学研究ブランディング事業」においても、学園アーカイブは積極的な役割を期待されています。東北学院大学のブランディング事業には、東北学院史資料センターが参画機関として参加しています。このように歴史を軸とした事業に、学園アーカイブは必要不可欠な存在となっているのです。

　第二の多様な活動は、学園内外からの問い合わせに対応すること、すなわち「レファレンス」です。レファレンスは、企業、学園、官公庁のアーカイブを問わず重要かつ基本的な業務の一つです。これが利用者の要求を満たしているか否かは、アーカイブの信用に直結するといっても過言ではありません。学園アーカイブは、質問に的確に回答することにより、対外広報の一翼を担っているのです。

　学園アーカイブの多くが、歴史資料の収集・整理・公開だけでなく、これらの活動もあわせて展開しています。言い方をかえれば、ブランディングやレファレンスを担うことができなければ、学園内で不要とみなされる恐れがあるのです。しかし、学園アーカイブも、他のさまざまなアーカイブと同様に多くの課題を抱えています。

3. 学園アーカイブの諸課題

　学園アーカイブが直面している諸課題とは、①「継続的」収集・整理機能の欠如、②アーカイブ（ないし歴史学）の専門職不在が挙げられます。①についてみると、アーカイブ業務は、拙稿152ページであげた「出版文化社の考えるアーカイブ」の収集→整理→管理→活用の各過程からなっています。学園アーカイブは、年史制作、周年記念を契機として設立されたため、すでにある程度の資料が収集されています。しかし、その後継続的な資料収集がなされている事例は多くありません。なぜなら、学内の「文書管理規定」にアーカイブへの移管が明記されていないからです。

　学園の歴史を跡づけることのできる貴重な歴史資料の多くは、規定上「永久（年）保存」とされています。「永久（年）保存」とは、文字通り各部署で永久的に文書を管理する状態であり、アーカイブに移して研究者などに公開することを想定していません。それではなぜ、年史制作に関係する資料は、アーカイブに存在するのでしょうか。それは、年史制作という「特別な（時限的な）」イベントに際して、例外的に収集されたものだからです。

　たとえば、出版文化社がアーカイブ構築に携わってきた学園のなかには、不定期に行われる年史制作時の資料が豊富に残っているが、それ以外の時期はほとんど収集されていないという機関も少なからず存在します。年史制作に限らず、歴史を軸としたブランディングを展開していくためには、継続的な資料収集が必要不可欠です。

しかし、多くの場合、こうしたシステムの構築に四苦八苦している
といえるでしょう。

　また、整理すなわち目録を作成するというアーカイブの基本的業
務が機能していない事例も散見されます。せっかく資料の収集をし
ても整理ができない、それはなぜでしょうか。最終的には、学園アー
カイブの直面している予算・人の問題に帰結しますが、積極的なブ
ランディング事業の展開を求められている現状がその要因の一つ
であるといえるでしょう。

　当社が話を伺ったある学園アーカイブの担当者は、「展示企画な
どに時間をとられて、資料整理業務がなかなか進まない。整理の必
要性は認識しているのですが……」とおっしゃっていました。法人
の経営層が、学園アーカイブに対してブランディング事業への参
画を求めるのは、その重要性を認識しているからでしょう。しかし、
整理から展示などの活用までを幅広く担うのは、正規職員1名と非
常勤やバイト数名の職員構成では、おのずと限界があります。さらに、
資料整理のような「地に足のついた」、悪い言い方をすれば「地味な」
業務は、効果測定が容易な展示業務などに比べて後回しにされがち
です。しかし、整理業務をきちんと実施しなければ、資料の有無す
らもわからず、そもそも各種ブランディング事業の構想を練ること
もままなりません。

　②の専門職不在は、学園アーカイブの恒久的な課題ともいえるで
しょう。職員の多くは、期限つきの非正規雇用か、正規雇用であっ
ても学校法人の異動ルーティンのなかに位置づけられています。さ

らに前述したように、予算と人員不足が、それらの職員の活動の幅を狭めています。その結果、継続的な収集、定期的な資料整理が難しくなるだけでなく、それらを遂行するための中長期的プランを打ち出しにくい環境に追いやられているのです。こうした状況は、官公庁・企業のアーカイブでも同様ですが、何らかの打開策を講じる必要があるでしょう。

4. おわりに

これまで学園アーカイブの現状と課題について述べてきました。学校法人にとって歴史は武器であり、それがブランド力向上に資することはいうまでもありません。しかし、その歴史を担保する学園アーカイブは、さまざまな課題を抱えています。この状況を打開するための施策の一つが、外部人材（業者）の活用でしょう。限られた予算と人員で運営しなければならない状況は、今後も変わらないと思います。そこで、学園アーカイブの担当者は、「コーディネーター」として外部人材（業者）を活用しながらさまざまな業務を遂行していく必要があるでしょう。

アーカイブ（ないし歴史学など）の専門家が、学園アーカイブの専任担当者であること、それが望ましい形であるのはいうまでもありません。しかし残念ながら、アーカイブを取りまく現状は、劇的に変化しないと思います。専門人材を雇用できないから活動が停滞してしまう、こうした状況を生み出さないためにも、担当者にはより柔

軟な思考が求められています。「足りない知識」はその道の専門家から補う、まさに「餅は餅屋」の思考が、学園アーカイブの現状解決の道ではないでしょうか。

[注1]　「私立大学研究ブランディング事業」については、文部科学省のホームページ（http://www.mext.go.jp/a_menu/koutou/shinkou/07021403/002/002/1379674.htm）を参照のこと（2019年8月31日閲覧）。

[注2]　東北学院大学の「平成28年度私立大研究ブランディング事業計画書」（http://www.mext.go.jp/component/a_menu/education/detail/__icsFiles/afieldfile/2016/12/21/1380771_001.pdfを参照のこと。2019年8月31日閲覧）。

[注3]　学校法人のアーカイブの多くは、大学に設置された「大学アーカイブ」である。これらのアーカイブの一部においては、付属幼稚園・小・中・高の資料を収集、公開している。しかし、大学をもたない中高においても史料室を設置している学校法人が存在する。したがって、出版文化社では学校法人が運営するアーカイブを「学園アーカイブ」と総称している。

[注4]　全国大学史資料協議会編『日本の大学アーカイヴズ』（京都大学出版会、2005年）。全国大学史資料協議会は、1996年4月に設立された大学アーカイブに関する各種研究、情報交換を目的とした組織である。現在、東西あわせて105機関が所属している（2015年現在）。

社史・アーカイブ総研が
2030年にめざすもの

社史・アーカイブ総合研究所 主任研究員 **鎌岡 徳幸**

1. 社史・アーカイブ総研の設立目的

　社史・アーカイブ総研は、社史の制作やアーカイブの構築を行う企業や組織の担当者と、それらの研究を行う専門家のためのシンクタンクとして新たに設立したものです。

　社史の制作はニッチな業界であり、アーカイブに関しては発展が見込まれるこれからの分野であるために、これまではプロの勘と経験に委ねられてきた部分が多く、そこに根拠という概念が存在していませんでした。

　そこで、社史・アーカイブ総研は旧態依然としてきた業界の今後の発展のために社史の制作とアーカイブの構築に関するデータを集積し、さまざまな研究と分析を通じて業界をより一般に開かれたものにするとともに、今後の業界の道筋を考察し、実現していく機能を果たしていきます。

本章は社史・アーカイブ総研の設立に合わせた各担当者の寄稿を受けて、今後の展開に関して記しておきます。

2. 社史の制作現場のために

　「社史の担当に任命された」。その瞬間から社史担当者の不安と困惑が始まります。なぜなら、初めての担当業務で一体何をしたらいいのか分からないことが多いからです。社史編纂という聞きなれない業務の発令を受けて会社に何をするのか確認しても、「当社設立から今までの会社の歴史をまとめる仕事」だと伝えられる程度のことが多いのです。

　「社史ってどんなものなのだろう」「一体何をすればいいのだろう」という不安を持つ担当者がどのくらいいるのかを調査しました。まだまだ不十分な母数の調査ですが、およそ3分の2の担当者が同じように不安に感じているということがわかりました。こういった結果を事実としては誰も考えてこなかったのです。そこで担当者の役に立つための調査・分析が、社史・アーカイブ総研が取り組む重要なテーマと考え、深堀りして調査を実施することにしました。

　これまでにも社史に関する研究はわずかながら存在していましたが、社史担当者に関する研究は皆無でした。したがって、社史制作現場の実情を統計数値に基づく分析として公表するのは業界初となります。今後、当総研はさまざまな社史とアーカイブの研究結果を企業・組織の担当者と、それらの研究を行う専門家の役に立つ

ものとして提供していきます。

3. 制作で苦労すること

社史担当者が制作時に最も苦労することは「資料やデータの収集」です。社内外にある資料とデータを確認・整理しながら集めるという最初の作業で、約6割の社史担当者が依然として困ったり苦労したりしているのが現実なのです。

事前に大変だということがわかっているのなら、苦労しないように指針を提示して作業が順調に進むように準備・アドバイスすることができますので、6割の社史担当者に対してのさらなるサポート方法について考えることが必要だということです。

このことがわかって作業するのと、わからないまま作業するのとでは大きく対応が変わってきます。制作側はサポートが不十分だと認識することで、より高い提案ができます。社史・アーカイブ総研の存在がより高いサービスと提案へと結びつくのです。すなわち社史・アーカイブ総研の設立によって、これまでよりもはるかに高い顧客満足が実現できる体制が整うことになります。もちろんアーカイブ構築に関しても同じです。これこそが社史・アーカイブ総研を設立して今後めざすものになります。

4. 社史制作スケジュールに関して

「資料・データの収集」の次に苦労するのは「社史制作のスケジュール管理」で、約半数の担当者が大変だったと答えています。

もちろん企画段階のスケジュール通りに進めば問題はないのですが、実際の社史制作現場では多くの関係者が関与してやり取りをするために、思い通りに作業が進むことは稀なのです。すなわち、稀という前提で余裕をもって作業スケジュールを組み立てて進捗管理できるかどうかが大切になってきます。これができていれば約半数の社史担当者が経験してきた「社史制作のスケジュール管理」の大変さから脱する対策を事前に考えることができることになります。

さらにどの工程が大変だったのか、具体的に何に困ったのかを企業規模別、業種別などで分析することで、思い通りに進まない原因を明らかにすることができます。このようにして、社史・アーカイブ総研は社史担当者を未然に苦労から解放する大きな役割を持つことになるのです。

5. 社史の制作目的

社史の制作目的で多いのは記録用、周年記念用、社内配布用で、それぞれ約6割を占め、社史が社内利用または社内行事利用という内向きの目的で作られていることが多いということがわかります。

図：社史の制作目的（複数回答）

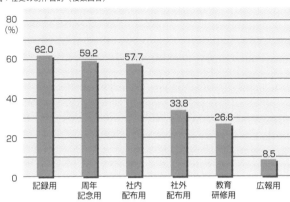

対して社外配布用となると約3割に留まっており、さらに広報用や営業用の目的として社史を作るというのは1割にも満たないのが現況です。

『社史の研究』(村橋勝子著、2002年、ダイヤモンド社)によると制作目的として、経営者教育・社員教育やPR活動・イメージづくりという項目が挙げられているのですが、実際に制作を終えた企業に確認してみると、現状はそこまで意識されていないことがわかります。

これは、社史を作るという意思決定が周年の時期に行われる傾向が強い、ということにも大きく関係していると思われます。周年事業の一環として社史を作ることだけが目的となり、その社史をどう活用するかということまで意識が及ばないことが影響しているのでしょう。

しかし調査を進めていくと、当初の制作目的ではなかったが、営

業ツールや広報ツールとして使っているという回答もかなりあり、実際に完成してから社史が当初の目的以外に使われていることがわかります。

いざ社史を作ってみると予定外の活用方法が見つかるということは、逆に言えば制作時にきちんと活用方法まで提案できていなかったと考えることができます。社史を作ってどう活用していくのかを提案していくという新たな課題が見つかりました。このようにデータを分析することで新たな発見をお客様に対する提案につなげていくことも、社史・アーカイブ総研の重要な役割と言えるのです。

6. 社史の活用シーン

「社史を活用していますか」と社史担当者にお聞きすると、一瞬困った顔をされることがよくあります。社史の活用とはどういう意味なのかが、とっさに思い浮かばないという場合が多いようです。

これは社史を記録用として作る場合は仕方ないのかもしれません。作ることが目的であり、活用は目的ではないからです。同様に周年記念用とか社内配布用が制作目的の場合にしても配布することが目的であるため、活用するということと感覚的につながらないのでしょう。

社史・アーカイブ総研ではこの事実を大きな課題として受け止めています。社史はもっと活用できるツールであるにも関わらず、そのことをしっかり提案できていなかったことの証明でもあるからです。

社史の活用シーンとしては、まず教育・研修が挙げられます。社史担当者にお聞きすると「当初予定にはなかったが、使い勝手がいいので新入社員研修に使っています」という声が予想以上にあることがわかりました。社史は新入社員教育に非常に有効なツールとなるのです。その理由は、社史は会社の経営判断の歴史を記したものであり、社員としての考え方や行動の指針となるものだからと言えるでしょう。新入社員が今後求められる「社員としての考え方と行動」の伝統がそこに書かれているのです。

さらに、その会社や組織の経営の参考書としての活用もできます。広報ツールや営業ツールとして、会社や組織の紹介をするためのツールとしても活用できます。会社や組織の歴史が信頼を後押しするからです。社史をもっと活用方法から考えて提案していくことは、社史・アーカイブ総研設立の大きな目的でもあります。

7. 採用向けの社史の提案

社史の活用シーンとして今後社史・アーカイブ総研が提案していきたい分野の1つが採用活動です。社史の活用に関してお聞きしてみると、当初の目的以外の使用では「採用活動」という答えも多いということがわかりました。

現在、多くの企業の採用担当者が採用活動で使っているのが、パワーポイント資料や映像に加えて入社案内や会社案内などですが、これらの資料で強調されるのは会社の現在と将来のことで、会社の

過去、すなわち歴史や伝統についてはほとんど知らされないままです。学生からしても興味の中心は入社して何をするのか、将来どうなるのかという現在と未来のことに向かっていて、過去に興味を持つということはあまりありません。創業以来100年続いているというような期間に注目することはあっても、その会社が100年の間どうやってきたのかに関しては、興味の対象としてはかなり低いと言わざるを得ないのが現状なのです。

　しかしながら、最近は会社を選ぶ際のミスマッチが話題となっています。大卒新卒者の入社3年以内の離職率が3割を超えるという現状は、学生が自分に合う会社を十分に選べていない可能性が高いということを表しています。合わないと感じても会社を辞めずにいる人はさらに多いと想定されますので、ミスマッチ率はさらに上がることになり、これは会社選択時の情報の少なさから来ていると言わざるを得ません。

　最近、大学図書館から社史を寄贈してほしいという依頼がよく来るということを伺いました。また、大学就職課で「その会社のことを知りたければ社史を読むこと」を勧めている事例があることも確認しました。これまでの就職活動では得られなかった情報を知りたい場合に社史が役に立つということは、少しずつではありますが理解されてきているようです。ここで提案したいのが、採用向けの社史です。

　社史にはその会社や組織の歴史が詰まっています。会社案内や入社案内では書き切れない会社の真実がそこにあると言えるので

す。これほど会社を理解できるツールは他にはないと言っても過言ではないでしょう。

そんな社史がなぜ今まで採用に使われてこなかったのか。それは、「採用に使うことを想定していない」からです。原因として、社史のサイズの問題、対象読者の問題、制作部署の問題、完成時期の問題など採用に使いにくい要素ばかり挙がります。また制作する側にしても採用に関しては専門外なので、どう制作してどう使えばいいのか提案してこなかったという実情があります。しかし、実際に採用で活用している会社にお聞きすると、意外にも社史は採用に有効だということなのです。社史にはその会社の歴史だけでなく、社風・価値観・社員に対する思いなどが書かれているため、入社前にこれらを知ることで学生と会社のミスマッチを防ぐ可能性が高まるのです。会社としてもより自社に合う人材を選ぶことができるようになります。入社案内とともに使うことで、確実に効果が上がるはずです。

社史・アーカイブ総研は、採用向け社史の効果的な構成を提案できるよう、さらに調査・分析をしていきます。

8. 社史・アーカイブ総研が2030年にめざすもの

本章では設立に合わせて始めた社史に関する調査の結果を中心に記してきましたが、今後アーカイブに関する利用者の活用の調査研究も順次進めていく予定にしています。

社史・アーカイブ総研がめざすのは常に社史・アーカイブの質と

サービスを高めること、そしてお客様の信頼と安心感を追求することです。ですが、これだけでとどまるつもりはありません。社史・アーカイブ総研に関わるすべての人に対し、わくわくできる組織でありたい、そう考えています。

　そのためにも、社史・アーカイブ総研は開かれたシンクタンクとして、同じ志をもつ研究者を歓迎して迎える予定をしています。私たちは出版社として積み重ねてきた情報発信のための手段とノウハウを持っています。この出版業と情報サービス業の強みを生かし、日本国内だけでなく世界に対してもメッセージを発信していきたいと考えています。お迎えした研究者の研究成果はホームページで公開するだけでなく、定期的に実績をニュースリリースとして発信し、さらにまとめて書籍化もしていきたいと考えています。社史とアーカイブの可能性と未来を創り出そうという志を持つ人はぜひ、社史・アーカイブ総研に集って自身の研究成果を発信してほしいと考えています。

　社史とアーカイブが果たすことができる可能性に多くの人はまだ気づいていません。社史は企業の歴史をまとめただけのものではなく、アーカイブは単なる企業情報の集積ではありません。企業の歴史として記録に残すことを意識すると、企業は自ずと襟を正さざるを得なくなります。つまり、「いい記録を残したい。そのためには誇れる会社にしていきたい」そう企業に思わせることができる力が社史とアーカイブにはあります。

　そのような事例を数多く発信していくことで、歴史の浅い会社で

あっても社史・アーカイブに関心を持ち、自社の記録を残していけるような環境を作っていきます。

2030年までに以上に掲げたことを着実に実行し、業界において最も影響力のあるシンクタンクをめざして一歩ずつ歩んでいきたいと考えています。

注：本文中のデータは、2019年4月〜7月に社史制作実績のある会社・組織71社の社史担当者に対してヒアリングまたはアンケートによりお伺いした内容を集計分析したものを基にしています。統計データの母数は順次増やしていく予定です。

執筆者紹介

■小谷 允志　Masashi Kotani

社史・アーカイブ総合研究所 代表
記録管理学会 元会長

(株)リコー、日本レコードマネジメント(株)RM研究所所長を経て現職。長年、国立公文書館主催の公文書管理研修講師を務める。『文書と記録のはざまで』『今、なぜ記録管理なのか』ほか記録管理、アーカイブズに関する著書・雑誌寄稿など多数。

■浅田 厚志　Atsushi Asada

社史・アーカイブ総合研究所 主任研究員
出版文化社 代表取締役社長

1984年、現・出版文化社を個人創業、86年8月に法人化。創業以来、多くの単行本、定期媒体の企画・発行、社史・記念誌の企画制作を手がける。経営史学会、日本アーカイブズ学会、企業史料協議会会員。専門社会調査士。

■吉田 武志　Takeshi Yoshida

社史・アーカイブ総合研究所 研究員
出版文化社 東京元編集長

企業PR誌の取材・編集、実務図書の企画・編集等を経て1996年出版文化社入社。以来、編集、企画営業担当として数多くの社史制作を手がける。

執筆者紹介

■宮本 典子　Noriko Miyamoto

社史・アーカイブ総合研究所 研究員
出版文化社大阪 元編集長

実務図書の編集等を経て、1989年出版文化社入社。以来、編集担当として80件余りの
社史や団体史の制作を手がける。

■中村 崇高　Munetaka Nakamura

社史・アーカイブ総合研究所 主任研究員
出版文化社 シニアアーキビスト

専門は歴史学(日本近現代史)。日本アーカイブズ学会登録アーキビスト。神奈川県立公
文書館で公文書の選別、古文書整理、展示業務などに従事した後、出版文化社入社。企
業・学園アーカイブの構築を数多く手がける。

■鎌岡 徳幸　Noriyuki Kamaoka

社史・アーカイブ総合研究所 主任研究員

企業向けの経営・業務コンサルタント、新規事業開発・人事・広報・宣伝等の業務を担当
した後、その経験をもとに社史・アーカイブ総合研究所設立に携わる。講演実績多数。
現在は、社史制作業務の調査・分析・研究を担当。

社史・アーカイブ総合研究所概要

＊2019年9月現在

商　　　　号	社史・アーカイブ総合研究所 (Corporate Histories and Archives Research Institute)
主 要 事 業 所	■東京 〒101-0051　東京都千代田区神田神保町2-20-2 ワカヤギビル2F 　　　　　　　　出版文化社内 TEL：03-3262-1021(代表) （2019年12月より下記へ移転予定 　〒104-0033　東京都中央区新川1-8-8 アクロス新川ビル) ■大阪 〒541-0056　大阪市中央区久太郎町3-4-30 船場グランドビル8F 　　　　　　　　出版文化社内 TEL：06-4704-4700(代表)
HPアドレス	https://www.shashi-archive.jp
研究所代表者	小谷允志
主 任 研 究 員	浅田厚志(出版文化社 代表取締役社長) 鎌岡徳幸 中村崇高(出版文化社 シニアアーキビスト)
研　　究　　員	吉田武志(出版文化社東京 元編集長) 宮本典子(出版文化社大阪 元編集長) 白田拓郎(出版文化社 アーキビスト) 小清水萌木(出版文化社 アーキビスト) 本田章訓(出版文化社 アーキビスト)
設　　　　立	2019(令和元)年10月1日
事 業 内 容	社史・アーカイブに関する研究、調査・分析 社史・アーカイブの制作・構築に関する調査・分析 社史・アーカイブの利用に関する調査・分析 社史・アーカイブの制作・構築・利用に関するコンサルティング 社史・アーカイブに関する会員組織の運営、ビジネスサポート 社史・アーカイブに関する著作、印刷物、定期刊行物の発行 社史・アーカイブを基にする新規ビジネス・サービスの創出・提案 社史・アーカイブに関するセミナー・プロモーションの企画・運営

資　料

社史・アーカイブ関係の出版物

『企業を活性化できる社史の作り方』　出版文化社社史編集部 著

『よくわかる！ 社史制作のＱ＆Ａ77』　出版文化社社史編集部 編

『成功長寿企業への道』　浅田厚志 著

『成果を生み出す社史の作り方』　浅田厚志 著

『社史から学ぶ経営の課題解決』　阿部武司・橘川武郎 編

『平成社史──自社で作れる平成30年間の歴史』　浅田厚志 著

『「絆」と「志」をつなぐ──社史で経営承継を「見える化」する』　浅田厚志 著

『実践　アーカイブ・マネジメント』　朝日崇 著

181

出版文化社概要

*2019年9月現在

商　　　　号	株式会社出版文化社 (ShuppanBunkaSha Corporation)
代　表　者	代表取締役社長 浅田厚志
資　本　金	99,234,300円
従 業 員 数	130名(東京・大阪・名古屋)
創　　　立	1984年2月6日(法人設立 1986年8月22日)
主 要 事 業 所	■東京本部 ・東京ヘリテージ・サービス部門 　〒101-0051 東京都千代田区神田神保町2-20-2　ワカヤギビル2階 　TEL:03-3264-8811 ・本社部門 　〒101-0051 東京都千代田区神田神保町2-14　朝日神保町プラザ2階 ・出版企画部門、アーカイブ・サポート部門 　〒101-0051 東京都千代田区神田神保町2-14-3　室町ビル3階 　TEL:03-3264-8825(出版企画) 　　　　03-6824-9170(アーカイブ・サポート) ■大阪本部 ・大阪ヘリテージ・サービス部門 　〒541-0056 大阪市中央区久太郎町3-4-30　船場グランドビル8階 　TEL:06-4704-4700 ■名古屋支社 ・名古屋ヘリテージ・サービス部門 　〒456-0016 名古屋市熱田区五本松町7-30　熱田メディアウイング3階 　TEL:052-990-9090
所 属 団 体	一般社団法人日本経済団体連合会 東京商工会議所 大阪商工会議所 名古屋商工会議所 経営史学会 日本アーカイブズ学会 デジタルアーカイブ学会 企業史料協議会
HPアドレス	https://www.shuppanbunka.jp

資　料

社史制作サービス事業（ヘリテージサービス）の事業内容

企業・学校・病院・公益法人等の年史・記念誌・デジタル媒体を作成するためのサービスを展開。資料整理、原稿作成、レイアウト、撮影、校正、印刷までの全工程をサポート。出来事を綴るだけでなく、経営史の視点から企業をとらえるとともに、その企業らしい年史を作成します。

＊ 社史・記念誌の企画、編集、出版サービス
＊ 外国語（英語・中国語ほか）社史・記念誌の企画、編集、出版サービス
＊ 式典・催事・イベントで放映する動画の撮影、制作

アーカイブ事業の事業内容

歴史的な価値を持つ記録類を、収集、整理、管理、活用するためのサービスを展開。
コンサルティングから始まって、調査・整理、デジタル化やデータベース構築、クリーニングなどの措置、アーカイブ機能を適切に運用するための規定づくりまでをサポート。また、整理された資料を資料館などで公開するためのお手伝いを行っています。

＊ 企業・学校・病院・公益法人等の資料整理と活用、デジタル化支援
　（アーカイブサポート®）
＊ 上記企画に伴う催事・イベントの企画・開催

183

出版文化社の歩み

年	月	出版文化社の出来事
1984	2月	● 現代表・浅田が書籍の編集・出版を目的として、現代人物叢書(ソウショ)出版会を大阪・京橋にて開業
1986	8月	● 社名を作家・堺屋太一氏の命名により株式会社現代人物書院へと変更
1987	10月 11月	● 初の社史『Triple1』を制作 ● 初の書店発売本『夢たわわに』永谷晴子著を出版
1988	9月	● 大丸・心斎橋店と編集・出版サービス提供の代理店契約を締結。のち神戸店、京都店とも締結
1989	8月 12月	● 株式会社出版文化社へと改称 ● 大阪市北区天満へ移転
1991	1月	● 社史制作のために企業情報を整理・編集する「スキュワシステム」を開発
1992	5月	● 東京オフィスを東京都中央区東日本橋に開設
1993	4月 9月	● 住友ビジネスコンサルティング企画(現・SMBCコンサルティング)と、社史のセミナー、および社史を中心とした出版サービス業務で提携 ● 朝日カルチャーセンター大阪で社史制作セミナーを担当。この後、出版サービスについて提携。1995年には東京でも提携
1996	1月 2月	● 東京オフィスを東京本部に昇格し、東京都台東区柳橋へ移転 ● 大阪本社を大阪市中央区森ノ宮中央へ移転
2002	2月	● ISO14001の認証を取得
2004	2月	● 東京本部を東京都台東区浅草橋に移転
2006	7月	● 東京本部を東京都千代田区神田神保町に移転
2007	1月 6月	● 社史のデジタルメディア対応として、Web社史を開発し、商標登録 ● 大阪本社を大阪市中央区久太郎町に移転

資　料

年	月	出版文化社の出来事
2008	2月	●社史に関する資料整理ノウハウを活用し、資料整理を専門とするアーカイブサポート事業を開始
	4月	●東京本部・大阪本社のヘリテージサービス部門にて、情報セキュリティマネジメントシステムISO27001の認証を取得
	―	●日本アーカイブズ学会加入
2009	3月	●当社のWeb社史（登録商標）が2008年度の関西IT百撰に選出される
	7月	●第1回企業アーカイブ実務セミナー開催。以後、定例化
2011	4月	●社長ブログ「成功長寿企業への道」をオープン
	7月	●大学アーカイブセミナー開催
	―	●経営史学会加入
2012	9月	●東京本部・大阪本社のヘリテージサービス部門において、ISO9001の認証を取得（社史制作では日本初、唯一）
2013	10月	●経営史学会にて、研究論文新人賞として「出版文化社賞」を授与（以後、毎年）
2015	6月	●社史受注総件数が1,000点、総編纂年数が50,000年を超える
2017	1月	●大阪中小企業投資育成より資本参加を受け、資本金を8,695万円へ増資
	9月	●名古屋支社を名古屋市中川区山王に開設
2019	4月	●一般社団法人日本経済団体連合会に加盟
	9月	●名古屋支社を名古屋市熱田区五本松町に移転
	10月	●社史・アーカイブを研究するシンクタンクとして、社史・アーカイブ総合研究所を設立

185

社史・アーカイブ総研の挑戦

組織の歴史承継を考える

2019年10月21日　初版第1刷発行

著　　者　　小谷 允志、浅田 厚志、吉田 武志、宮本 典子、中村 崇高、鎌岡 徳幸
発 行 所　　株式会社出版文化社
　　　　　　〈東京本部〉
　　　　　　〒101-0051 東京都千代田区神田保町2-20-2　ワカヤギビル 2階
　　　　　　TEL:03-3264-8811（代）　FAX:03-3264-8832
　　　　　　＊2019年12月より下記へ移転予定
　　　　　　〒104-0033　東京都中央区新川1-8-8 アクロス新川ビル
　　　　　　〈大阪本部〉
　　　　　　〒541-0056 大阪市中央区久太郎町3-4-30　船場グランドビル 8階
　　　　　　TEL:06-4704-4700（代）　FAX:06-4704-4707
　　　　　　〈名古屋支社〉
　　　　　　〒456-0016 名古屋市熱田区五本松町7-30 熱田メディアウィング 3階
　　　　　　TEL:052-990-9090（代）　FAX:052-683-8880
　　　　　　〈出版物受注センター〉
　　　　　　TEL:03-3264-8825　FAX:03-3239-2565
　　　　　　E-mail:book@shuppanbunka.com
発 行 人　　浅田 厚志
印刷・製本　　中央精版印刷株式会社

© ShuppanBunkaSha Corporation　2019　Printed in Japan
ISBN978-4-88338-669-7　C3030

乱丁・落丁はお取り替えいたします。出版文化社出版物受注センターにご連絡ください。
本書の無断複製・転載を禁じます。
定価はカバーに表示してあります。
出版文化社の会社概要および出版目録はウェブサイトで公開しております。
また書籍の注文も承っております。→ http://www.shuppanbunka.com/
郵便振替番号 00150-7-353651

社史・アーカイブ関連書籍のご案内

新版 企業を活性化できる社史の作り方

社史・記念誌ご担当者必携の書！
企画の基礎から応用までを系統的に解説

著 者：出版文化社社史編集部
体 裁：四六判、並製、232頁
ISBN：9784883383634 C0034
定 価：本体1714円＋税

目次

第1部　社史とは何か
1　社史制作にかかる前に
2　周年記念事業と社史制作
3　社史発刊がより身近になってきた理由とその背景
4　社史発行の意義と目的
5　最近の社史の傾向
6　自分史、伝記、社史、記念誌の違いについて

第2部　社史を企画するに際して
7　企画に必要な条件
8　前に出した社史と二冊目以降の社史
9　企業内担当者の役割
10　社史に関係する外部スタッフの編成
11　社史コンペの行い方
12　外注業者を選択するポイント

第3部　社史の編集・制作のすすめ方
13　資料収集・整理、活用の方法
14　内容構成案の作り方
15　社史に入れられるおもしろい企画
16　読まれる原稿を作るには
17　書きにくい内容は、どう処理するか？
18　書籍体裁の選択
19　校正恐るべし
20　発刊スケジュールも重要なポイント
21　配布の準備と発送方法

第4部　コストを知る
22　コストの内容とその管理について
23　コストの種類とその特性を知る
24　経費計上の仕方について

社史・アーカイブ関連書籍のご案内

新版　よくわかる！社史制作のQ&A77

社史制作をするには何から手をつければよいのか、どんなふうに制作するのか。社史を制作する際に湧き出る疑問に編集部が答える形式で詳細に解説。実例も多数収録。
各企業に合う社史を制作するためのヒントが凝縮された一冊。

編　集：出版文化社社史編集部
体　裁：四六判、並製、224頁
ISBN：9784883385812 C0034
定　価：本体1800円＋税

社史制作のQ（一部）

事前準備
・社史制作のメリットは？
・何周年での発刊が多いですか？
・社史製作期間は最短でどのくらい？

企画づくり
・スケジュール管理のポイントは？
・見積り発注時のポイントは？
・編纂事務局の仕事とは？

資料・情報収集
・どのような資料を集めればよいのですか？
・古い資料が少なくても社史は作れますか？
・どんな写真を集めればよいですか？

取材・原稿作成
・仮目次とその必要性を知りたい
・取材の進め方を教えてください
・ありのままに（正直に）書くことは可能？

デザイン・校正・印刷
・社長はどの段階でチェックしますか？
・校正時の注意点は？

デジタル化
・書籍として制作した社史をデジタル化可能？
・集めた資料をWEB上で利用するには？
・デジタル・アーカイブについて知りたい

体験談（敬称略）
株式会社はせがわ／株式会社マルハン／朝日放送株式会社／千鳥土地株式会社／株式会社なだ万／日活株式会社／塩野香料株式会社／千葉交通株式会社／パイン株式会社／株式会社デルフィス／株式会サカタのタネ

社史・アーカイブ関連書籍のご案内

平成社史
自社で作れる平成 30 年間の社史

「平成」が終わるのを機に、その 30 年間を振り返り、経営者自らが世界に一冊だけのユニークな社史を作るための指南書。

著　者：浅田厚志
体　裁：四六判、並製、184 頁
ISBN：9784883386406 C0034
定　価：本体 1000 円 + 税

本書は、社史の書き方のポイントから、30 年の年表、経営指標や歴史、写真の整理方法、時代ごとの抑えるべきポイント、あとがきまでを網羅。具体的な解説と書き込み欄がセットになっていて、これまで社史に縁のなかった中小企業の経営者の方々でも、世界に一冊だけの社史を作ることができます。

目 次
序文
第 1 章：「はじめに」の書き方について
第 2 章：社史をまとめるポイント
第 3 章：我が社の年表
第 4 章：資本金と社員数の推移
第 5 章：我が社の経営数字推移
第 6 章：我が社の歴史
歴史を語る数々の写真
あとがきの作成について
エピローグ（本書のあとがき）

社史・アーカイブ関連書籍のご案内

社史から学ぶ経営の課題解決

日本企業が経営課題に取り組んできた様を、博学卓識の経営史
研究者らが社史から読み解いた挑戦的な企業分析。

社史は、読まれない本の代名詞である一方、
企業が直面する様々な課題に対して無数の
ヒントを有する。

本書では7人の研究者がそれぞれに探求し
てきた企業―ワコール、オリンパス、
YKK、東洋紡、日立製作所、味の素など―
の経営史を取り上げ、日本企業が経営課題
を解決してきた様を浮かび上がらせる。

その時代、その会社で、彼らはどういう課
題に直面し、どう乗り越えていったのか。
社史をひもとけば、日本企業が抱える課題
解決への道筋が見えてくる。

編 者：阿部武司　橘川武郎
体 裁：A5判、並製、216頁
ISBN：9784883386475 C0034
定 価：本体2000円＋税

執筆者（収録順、敬称略）
宮本又郎　大阪大学名誉教授
阿部武司　国士舘大学政経学部教授
沢井　実　南山大学経営学部教授
中村尚史　東京大学社会科学研究所教授
宇田川勝　法政大学名誉教授
橘川武郎　東京理科大学大学院教授
高岡美佳　立教大学経営学部教授

社史・アーカイブ関連書籍のご案内

実践 アーカイブ・マネジメント
―自治体・企業・学園の実務―

アーカイブの専門家が、資料の保存と管理に関するノウハウをはじめ、アーカイブズ学の基礎から実践的なテクニックまでを分かりやすく解説!!

著 者：朝日 崇
体 裁：四六判、並製、228頁
ISBN：9784883384501 C3004
定 価：本体2000円＋税

目 次
第1章　アーカイブの世界に馴染もう
第2章　アーカイブの大事さを知ろう
第3章　アーカイブを実践してみよう
第4章　先達から学ぼう
第5章　これからやるべきことを見極めよう

アーカイブズとは
個人や組織が、活動の中で生み出した歴史的資料群や資料保存機関。とくに歴史的資料の収集、整理、保存、活用等一貫したシステムにより支えられた資料群を指します。

朝日　崇（あさひ たかし）
1954年千葉県生まれ。
1978年一橋大学社会学部卒業。大手印刷社にて150冊余の企業史編集業務に従事の後、出版文化社にてアーカイブの企画営業を行う。その後独立し、アーカイブの啓蒙・実践に従事。記録管理学会会員（2003年〜2009年理事・学会誌編集委員長）、日本アーカイブズ学会会員。